Jens Ostwald

Das Problem der Selbsttötung in der Philosophie von Platon bis Kant

D1823234

Bibliografische Information der Deutschen Nationalbibliothek:

Die Deutsche Bibliothek verzeichnet diese Publikation in der Deutschen National-
bibliografie; detaillierte bibliografische Daten sind im Internet über http://dnb.d-
nb.de/ abrufbar.

Impressum:

Copyright © 2017 GRIN Verlag, Open Publishing GmbH
Druck und Bindung: Books on Demand GmbH, Norderstedt Germany
ISBN: 9783668527522

Dieses Buch bei GRIN:

http://www.grin.com/de/e-book/375638/das-problem-der-selbsttoetung-in-der-
philosophie-von-platon-bis-kant

Jens Ostwald

Das Problem der Selbsttötung in der Philosophie von Platon bis Kant

GRIN Verlag

GRIN - Your knowledge has value

Der GRIN Verlag publiziert seit 1998 wissenschaftliche Arbeiten von Studenten, Hochschullehrern und anderen Akademikern als eBook und gedrucktes Buch. Die Verlagswebsite www.grin.com ist die ideale Plattform zur Veröffentlichung von Hausarbeiten, Abschlussarbeiten, wissenschaftlichen Aufsätzen, Dissertationen und Fachbüchern.

Besuchen Sie uns im Internet:

http://www.grin.com/

http://www.facebook.com/grincom

http://www.twitter.com/grin_com

Das Problem der Selbsttötung
in der Philosophie
von Platon bis Kant

von

Jens Ostwald

Inhaltsverzeichnis

1 Einleitung...5

2 Der Suizid in der Philosophie von Platon bis Kant – Darstellung..................7

    2.1 Platon...7

    2.2 Aristoteles..9

    2.3 Lucius Annaeus Seneca..11

    2.4 Aurelius Augustinus...13

    2.5 Thomas von Aquin...16

    2.6 David Hume..17

    2.7 Immanuel Kant...21

        2.7.1 Ethikvorlesung..21

        2.7.2 Grundlegung zur Metaphysik der Sitten...............................24

        2.7.3 Kritik der praktischen Vernunft..25

        2.7.4 Die Metaphysik der Sitten...26

        2.7.5 Aus anderen Schriften...29

3 Auswertung...32

    3.1 Kommentierende Zusammenfassung..32

    3.2 Der Suizid als ethisches Problem..44

        3.2.1 Argumente gegen die Erlaubtheit der Selbsttötung...............44

        3.2.2 Andere ethische Probleme..55

    3.3 Weitere Aspekte..56

4 Schluss...58

5 Literaturverzeichnis..61

    5.1 Primärliteratur..61

    5.2 Sekundärliteratur...62

1 Einleitung

Die meisten bekannteren Philosophen haben sich mit dem Thema der Selbsttötung nur am Rande beschäftigt. Zudem gehört die heutige Literatur zu diesem Thema meist zur Psychologie oder Psychiatrie. Werden dort Philosophen erwähnt, dann im allgemeinen nur kurz und, nicht zuletzt dadurch, oft verfälscht: Beispielsweise wird mit Platon und Kant häufig ein (schlichtes) Suizidverbot in Verbindung gebracht, über Rousseau wird dagegen gesagt, er verteidige die Selbsttötung. Tatsächlich ist die Sicht der genannten Philosophen differenzierter – und unklarer.

Im Folgenden sollen die Ansichten einiger Philosophen über die Selbsttötung dargestellt werden. Statt nun einen umfassenden Überblick über die Geschichte der Philosophie des Suizids zu geben, sollen ausgewählte Autoren ausführlich betrachtet und vor allem zitiert werden. Mit Platon, Aristoteles, Seneca, Augustinus und Thomas von Aquin werden die für das Thema vielleicht wichtigsten Autoren der Antike und des Mittelalters behandelt; von den neuzeitlichen Philosophen werden die Überlegungen Humes (als eines wichtigen Vertreters der Opposition gegen die damals vorherrschende Verurteilung des Suizids) und Kants dargestellt.

Zunächst aber zu den Ausdrücken *Selbstmord, Freitod, Selbsttötung* und *Suizid*: Entgegen der Intuition ist es nicht einfach, zu entscheiden, welches Wort oder welche Wörter in einer (philosophischen) Arbeit über das Sich-selbst-Töten verwendet werden soll(t)en. Zwar ist *Selbstmord* das zumindest in der Umgangssprache gebräuchlichste Wort; in diesem Begriff aber klingt eine moralische (Vor-)Verurteilung an. *Freitod* ist ebenfalls nicht neutral, der Zusammenhang von Freiheit und Selbsttötung zudem kompliziert. *Selbsttötung* und *Suizid* scheinen als wertneutrale Begriffe unproblematisch. Zu bedenken ist aber, dass *Suizid* nicht einfach mit *Selbsttötung*, sondern auch mit *Selbstmord* zu übersetzen ist und dass *Suizid* steril wirkt, ebenso *Selbsttötung*, letzteres gilt zudem als amtssprachlich[1]. Nicht zu Unrecht schreibt Jaspers, „Psychiater sagen ‚Suicid‘ und rücken durch Benennen einer Rubrik die Handlung in die Sphäre reiner Objektivität, die den Abgrund verhüllt"[2]. Eine eventuell beabsichtigte in moralischer Hinsicht neutrale Verwendung ist also nicht unbedingt neutral, sondern sie kann auch beispielsweise psychiatrisierend wirken. Auch der jeweilige Kontext müsste mitbetrachtet werden (einen Suizidenten Selbst*mörder* zu

---

[1] Duden 1995: VI 3073
[2] Jaspers 1932: 300; nur der Begriff „Selbstmord" fordere „unausweichlich, die Furchtbarkeit der Frage zugleich mit der Objektivität des Faktums gegenwärtig zu behalten" (Jaspers 1932: 301).

nennen, kann wertend (verunglimpfend?) sein, im philosophischen Gespräch mag aber im Sinne Jaspers *Selbstmord* (teilweise) angebracht sein; und: was lange Zeit die moralische Verurteilung intendierte, hilft heute vielleicht, das Problem aus dem psychiatrischen Bereich herauszulösen und eben philosophisch zu betrachten).

Dieses begriffliche Problem kann hier nicht weiter erörtert werden. Wesentlicher als eine „„richtige‘ Terminologie"[3] ist wahrscheinlich das Wissen darum bzw. darauf aufmerksam zu machen, dass hier ein Problem vorliegt. Für eine ausführlichere Diskussion der Begriffsfrage siehe Ostwald 2017.

<u>Zur Zitierweise</u>: Wie allgemein üblich sind Ergänzungen bzw. Streichungen innerhalb von Zitaten durch eckige Klammern gekennzeichnet, ergänzte, veränderte oder gestrichene Endungen ebenso. Primärquellen werden mit dem Namen des Autors sowie dem abgekürzten Titel des Werkes oder der Bandnummer, Sekundärliteratur mit dem Namen des Autors, gefolgt von der Jahreszahl zitiert.

---

[3] Holderegger 1979: 36; Holderegger hat sich in seinem Buch dafür entschieden, „im empirisch-phänomenologischen Teil der Arbeit [...] den Ausdruck ‚Suizid‘, im normativen Bereich [...] ‚Selbsttötung'" zu verwenden (Holderegger 1979: 36).

2 Der Suizid in der Philosophie von Platon bis Kant –
Darstellung

In diesem Kapitel sollen die Gedanken von Platon, Aristoteles und Seneca, Augustinus und Thomas von Aquin, sowie von Hume und Kant ausführlich[4] dargestellt werden. Die jeweiligen Gedanken über die Selbsttötung, nicht deren Interpretation, steht dabei im Vordergrund.

2.1 Platon

Die Kernstellen zum Thema befinden sich im *Phaidon* und in den *Gesetzen*. Platons *Phaidon* gemäß lässt Sokrates kurz vor seinem Tod Euenos ausrichten, „er solle wohlleben und, wenn er klug wäre, mir nachkommen. Ich gehe aber, wie ihr seht, heute, denn die Athener befehlen es."[5] Platon schreibt weiter, dass ein Philosoph „dem Sterbenden zu folgen wünsche"[6]. „Nur Gewalt wird er sich doch nicht selbst antun; denn dies, sagen sie, sei nicht recht."[7] Zwar könne er, Sokrates, „nur vom Hörensagen davon reden;"[8] es möge „unvernünftig zu sein scheinen", dass die Selbsttötung „allein unter allen Dingen schlechthin"[9] „nicht recht"[10] sein soll, obwohl doch manchen „besser wäre zu sterben" – es aber „diesen Menschen nicht erlaubt sein solle, sich selbst wohlzutun, sondern sie einen anderen Wohltäter erwarten sollen";[11] aber das Selbsttötungsverbot hätte „doch auch wieder einigen Grund."[12] Er führt zuerst, Lehren der Orphik bzw. der Pythagoreer aufgreifend[13], an, „daß wir Menschen

---

[4] Bei Seneca werden allerdings neben dem (berühmten) 70. Brief nur einige wenige weitere Stellen berücksichtigt.
[5] Platon: Phaidon 61b. Platon wird, wenn nicht anders angegeben, nach der Werkausgabe von Eigler zitiert.
[6] Platon: Phaidon 61d
[7] Platon: Phaidon 61c
[8] Platon: Phaidon 61d
[9] Platon: Phaidon 62ab
[10] Platon: Phaidon 61c
[11] Platon: Phaidon 62a
[12] Platon: Phaidon 62d
[13] Ohne Befehl Gottes dürfe, so Pythagoras, der Wachtposten des Lebens nicht verlassen werden (Geiger 1888: 5). Laut den Pythagoreern (6. Jhdt. v.u.Z.) sind die „die Seelen in die Leiber gebannt zur Strafe; der Selbstmord macht nicht frei vom ‚Kreis der Zeugung'; wer nicht im Leibe aushält, bis die Gottheit ihn erlöst, verfällt noch mehrerem und größerem Jammer" (Burckhardt 1962: 393, vgl. Burckhardt 1962: 383). Der Pythogoreer Euxitheus spricht von härtesten Strafen, die demjenigen im Jenseits drohen, der seine Seele aus dem Kerker des Leibes befreie (außer im Greisenalter: dann dürfe man, das Einverständnis der Götter voraussetzend, eigenmächtig aus dem Leben scheiden; Geiger 1888: 5f). Auch mit dem orphischen Seelenwande-

wie in einer Feste sind und man sich aus dieser nicht selbst losmachen und davon-
gehen dürfe".[14] Ein weiteres Argument besteht darin, dass der Mensch nicht sich
selbst, sondern den Göttern gehöre: „die Götter [sind] unsere Hüter und wir Menschen eine von den Herden der Götter"[15]. Sokrates fährt an Kebes gewendet fort:
„Also auch du würdest gewiß, wenn ein Stück aus deiner Herde sich selbst tötete,
ohne daß du angedeutet hättest, daß du wolltest, es solle sterben, diesem zürnen und,
wenn du noch eine Strafe wüßtest, es bestrafen? – Ganz gewiß, sagte er [Kebes]. –
Auf diese Weise nun wäre es also wohl nicht unvernünftig, daß man nicht eher sich
selbst töten dürfe, bis der Gott irgendeine Notwendigkeit dazu verfügt hat wie die
jetzt uns gewordene"[16], gemeint ist die in Sokrates' Todesurteil bestehende.

Hier stellt sich natürlich die Frage, was unter „irgendeine Notwendigkeit"[16] fallen mag. Im Falle Sokrates' liegt die Notwendigkeit offenbar im Gerichtsurteil. Das
Trinken des Giftes scheint also kein verwerflicher Suizid zu sein. Und nach Platons
Gesetzen kann eine Selbsttötung legitim sein, wenn einem Menschen „ein über die
Maßen qualvolles unentrinnbares Unglück [...] ereilte" oder er von einer „ausweglo-
sen Schmach bedrückt wird", nicht aber, wenn es sich um „Schlaffheit und unmänn-
liche Feigheit"[17] handelt.

Einen weiteren Grund, der den Suizid Platons Ansicht nach rechtfertigt, be-
schreibt er im Kapitel über den Tempelraub: Ist jemand vom „Wahnsinnsstachel"
befallen, Tempelraub begehen zu wollen, so suche er bei Göttern und tugendhaften
Männern Hilfe; „und wenn du das tust und deine Krankheit läßt nach, dann wohl
dir! Wenn aber nicht, so betrachte den Tod für schöner und scheide aus dem
Leben!"[18]

Für denjenigen, der sich ohne einen der genannten Gründe „selbst tötet und
gewaltsam das ihm vom Schicksal bestimmte Lebenslos verkürzt", sieht Platon
Strafen vor: In den Gesetzen heißt es, dass die Grabstätten der Suizidenten „im
Grenzgebiet [...] an unbebauten und namenlosen Plätzen" liegen sollen; die Toten

---

rungsglauben verträgt sich die Selbsttötung nicht, sie stellt (zudem) einen Eingriff des Menschen in göttliches Eigentum dar (vgl. Burckhardt 1962: 383 oder Geiger 1888: 5).

[14] Platon: Phaidon 62b; in der Übersetzung Rufeners: „[...] daß wir Menschen hier gewissermaßen
auf einem Wachtposten stehen und daß wir uns nicht selbst davon ablösen oder weglaufen dürfen [...]" (Platon: Dialoge 340).

[15] Platon: Phaidon 62bc

[16] Platon: Phaidon 62bc

[17] Platon: Gesetze 873c

[18] Platon: Gesetze 854 bc

sollen Einzelgräber erhalten, die nicht durch „Säulen oder Namen" bezeichnet werden.[19]

Schließlich sei noch auf eine Textstelle in Gorgias hingewiesen, in der kritisiert wird, „nur zu leben, solange es irgend geht": „Also Bester, sieh zu, ob nicht das Edle und Gute etwas ganz anderes ist als das Erhalten und Erhaltenwerden, und ob nicht ein Mann, der es wahrhaft ist, eben dieses, nur zu leben, solange es irgend geht, muß dahingestellt sein lassen und keineswegs am Leben hängen, sondern dieses Gott überlassend [...] nur auf das Nächste sehen, auf welche Weise er während der Zeit, die er nun zu leben hat, am besten leben möge".[20]

Sokrates hat natürlich eigentlich Suizid begangen: er war es, der das Gift getrunken hat, die Tatherrschaft lag bei ihm. Dass, bei einer Weigerung, die Todesstrafe wahrscheinlich in anderer Weise ausgeführt worden wäre, ändert daran nichts. Darüber hinaus hätte er fliehen können. Es dürfte schwierig sein, diese Tat definitorisch als Nichtsuizid aufzufassen.[21]

2.2 Aristoteles

Aristoteles schreibt in seiner *Nikomachischen Ethik*, dass das Gesetz und die „rechte Vernunft"[22] es verbieten, sich selbst zu töten. [23]

Der Suizid könne nicht als tapfer gelten, „auch wenn einer dadurch der Not entkommen will, was viele tun"[24]. Auch Aristoteles verbindet Suizid mit Feigheit: „Wenn man aber stirbt, um der Armut oder einer unglücklichen Liebe oder einem Schmerz zu entgehen, so verrät das nicht den mutigen, sondern den feigen Mann. Es ist Weichlichkeit, die Widerwärtigkeiten zu fliehen"[25]. Aristoteles zitiert den Dichter Agathon: „Der schlechte Mann verzagt im Kampfe mit der Not/ Und wünscht zu sterben."[26]

---

[19]   Platon: Gesetze 873d
[20]   Platon: Gorgias 512 de
[21]   Zum Thema Sokrates und Suizid s. z.B.: Frey 1978, Frey 1980, Nitobé 1985: 143, Warren 2001.
[22]   Aristoteles: Nikomachische Ethik 1138a 11 (Bien)
[23]   Aristoteles: Nikomachische Ethik 1138a 6-12 (Bien)
[24]   Aristoteles: Eudemische Ethik 1229b 40ff (Dirlmeier)
[25]   Aristoteles: Nikomachische Ethik 1116a 13ff (Bien)
[26]   Aristoteles: Eudemische Ethik 1230a 2f (Dirlmeier)

Zur Psychologie des Suizids schreibt Aristoteles, dass schlechte Menschen „mit sich selbst im Zwiespalt [liegen], und ihre sinnliche Gier steht nach anderen Dingen als ihr vernünftiger Wille [...]. Sie ziehen dem, was sie selbst als gut ansehen, das Lustbringende, das ihnen schädlich ist, vor. Andere wieder scheuen aus Feigheit und Trägheit, das zu tun, was nach ihrer eigenen Überzeugung das Beste für sie wäre. Die aber in ihrer Schlechtigkeit viele schwere Verbrechen begangen haben, hassen und fliehen das Leben und enden durch Selbstmord."[27]

Der schlechte bzw. böse Mensch ist „nicht einmal gegen sich selbst freund-schaftlich gesinnt [...], weil er nichts Liebenswertes an sich hat".[28] Doch lässt sich gegen den Sterbewunsch bzw. die Gefahr, sterben zu wollen, angehen: „Wenn dem-nach solch ein Zustand überaus unglücklich ist, so muß man mit dem Aufgebot sei-ner ganzen Kraft das Laster fliehen und die Tugend zu erwerben suchen. Dann wird man mit sich selbst in Freundschaft leben und auch eines anderen Freund werden"[29]. Aristoteles unterstellt also, dass der Suizident nur nicht die gesamte Kraft aufge-wandt hat, bzw. er feige ist.

Demgegenüber ist der „Mann der Tugend [...] mit sich selbst in Übereinstim-mung und begehrt seiner ganzen Seele nach ein und dasselbe, und darum wünscht er auch sich selbst Gutes [...] und setzt es ins Werk [...] und zwar um seiner selbst wil-len, *nämlich zugunsten seines denkenden Teils, der ja das eigentliche Selbst des Menschen ist*"[30]. Dazu gehört auch, dass er will, „daß er lebe und erhalten bleibe, [...] und besonders wünscht er dies demjenigen Teil, mit dem er denkt: denn für den Tugendhaften ist sein Sein ein Gut"[31].

Da es – nach Aristoteles – nicht möglich ist, gegen sich selbst Unrecht zu tun[32], die Selbstentleibung aus Zorn (zum Beispiel) aber ein Unrecht ist[33], fragt Aristoteles, wem hier eigentlich Unrecht getan wird. Seine Antwort ist: dem Gemeinwesen.[34] „Darum straft ihn auch die Obrigkeit und haftet dem Selbstmörder, als einem Men-schen, der sich am gemeinen Wesen versündigt hat, einen Makel an"[35].

---

[27] Aristoteles: Nikomachische Ethik 1166b 6ff (Bien)
[28] Aristoteles: Nikomachische Ethik 1166b 25ff (Bien)
[29] Aristoteles: Nikomachische Ethik 1166b 25ff (Bien)
[30] Aristoteles: Nikomachische Ethik 1166a 12ff (Bien)
[31] Aristoteles: Nikomachische Ethik 1116a 17ff (Bien)
[32] Aristoteles: Nikomachische Ethik 1138a 15ff (Bien)
[33] Aristoteles: Nikomachische Ethik 1138a 10ff (Bien)
[34] Aristoteles: Nikomachische Ethik 1138a 12 (Bien)
[35] Aristoteles: Nikomachische Ethik 1138a 13ff (Bien)

Ein gewisses Maß an Verständnis zeigt Aristoteles aber an anderer Stelle: „Gar manches nämlich von dem was sich im Leben ereignet, ist von solcher Art, daß die Menschen das Leben preisgeben, zum Beispiel Krankheit, übermäßige Qual, Sturmesnot. Dies bedeutet, daß es, wenn uns jemand die Wahl freistellte, von vorne herein wählenswert wäre – zumindest im Hinblick auf diese Nöte – überhaupt nicht geboren zu sein."[36]

Verurteilt Aristoteles die Selbsttötung auch streng, so gibt es doch Situationen, in denen der eigene Tod nicht nur in Kauf genommen werden darf, sondern sogar muss: die Flucht im Krieg beispielsweise ist „schimpflich", dem Tapferen, dem Bürger als Teil des Bürgerheeres (im Gegensatz zu dem Soldaten / Söldner[37]) ist „der Tod [...] lieber als eine solche Rettung"[38], „ein Heer von Polisbürgern hält seine Stellung bis zum Tode"[39], „Soldaten werden feige, wenn die Gefahr überhand nimmt"[40].

2.3 Lucius Annaeus Seneca

Der wichtigste Text Senecas zum Thema Suizid ist sein relativ bekannter *70. Brief an Lucilius* „Über den freiwilligen Tod".[41] Darin bezeichnet er den Tod als eine „Grenze, die allen Menschen gesetzt ist", die fälschlicherweise oft als „Klippe" empfunden werde, aber vielmehr „ein Hafen ist [...], zuweilen erstrebenswert, niemals zu verschmähen". „Das Leben ist nicht wert, immer festgehalten zu werden; denn nicht das Leben an sich ist ein Gut sondern nur das sittlich reine Leben. Daher lebt der Weise nicht, so lange er kann, sondern so lange die Pflicht es fordert [...]. Tritt ihm viel Belästigendes und seine Gemütsruhe Störendes entgegen, dann wirft er die Fessel von sich, und er tut das nicht bloß in der äußersten Not, sondern sobald das Schicksal anfängt ihm verdächtig zu werden, geht er gewissenhaft mit sich zu Rate, ob er sofort ein Ende machen soll."[42] Aber es wäre „Torheit [...], aus Furcht vor dem Tode zu sterben"[43], beispielsweise wenn der sichere Tod bevorsteht; es gilt dann, dass man „schwerlich ein schlechthin allgemeines Urteil darüber abgeben

---

[36] Aristoteles: Eudemische Ethik 1215b 18ff (Dirlmeier)
[37] Aristoteles: Nikomachische Ethik 1116b 15 (Dirlmeier)
[38] Aristoteles: Nikomachische Ethik 1116b 15ff (Bien)
[39] Aristoteles: Nikomachische Ethik 1116b 15ff (Dirlmeier)
[40] Aristoteles: Nikomachische Ethik 1116b 15f (Bien)
[41] Seneca III 263-271. Seneca wird nach der Übersetzung von Apelt zitiert.
[42] Seneca III 264; weiter heißt es: „Früher oder später zu sterben ist nicht von Belang; von Belang ist allein, ob du tadellos oder schimpflich stirbst. Tadellos aber sterben heißt der Gefahr entgehen, schlecht zu leben." (Seneca III 265)
[43] Seneca III 265

[kann], ob man, durch äußere Gewalt mit dem Tode bedroht, sich selbst im voraus den Tod geben oder ihn erwarten soll.“ Ich bin es, der die „Todesart“ – sofern möglich – wählen kann und soll: „zudem ist ja das längere Leben nicht unbedingt auch das bessere, während der längere Tod unbedingt der schlimmere ist“.[44]

Seneca wundert sich geradezu, dass sich „Vertreter der Philosophie [finden], die ein gewaltsames Lebensende für unerlaubt erklären und es für Sünde halten, sein eigener Mörder zu werden“: „wer so spricht, sieht nicht, daß er der Freiheit den Weg versperrt. Wie hätte das ewige Gesetz besser verfahren können als so, daß es uns einen Eingang ins Leben gab, der Ausgänge aber viele.“[45] Jedem wird also anheimgestellt, sich zu töten: „Dies ist das einzige, das uns keinen Grund gibt, über das Leben zu klagen: es hält niemanden fest. Es ist ein Trost für uns Menschen, daß niemand unglücklich ist außer durch eigene Schuld. Gefällt dir's, so lebe; gefällt dir's nicht, so kannst du wieder hingehen, woher du gekommen“;[46] konkreter schreibt er: „ein Messerchen[47] genügt, den Weg zu bahnen zu jener hochherrlichen Freiheit, ein einziger Stich sichert uns die sorgenlose Ruhe“[48]. Seneca führt dies noch weiter aus und zeigt, bzw. behauptet, dass in jeder Situation ein Weg zu finden sei, „sich zum alleinigen Herrn über seinen Tod [...] zu machen“; „zum Tode“ gebe es „kein Hemmnis [...] als den Willen“, „auch der schmutzigste Tod ist der saubersten Knechtschaft vorzuziehen“.[49]

Ähnliches zum Thema Tod und Sterben schreibt Seneca an sehr vielen weiteren Stellen, so z. B.: „‚Schlimm ist es in Not zu leben, aber in Not zu leben nötigt nichts.‘ [...] Viele Wege zur Freiheit, kurz und gangbar, eröffnen sich allerseits. Danken wir Gott, daß niemand an das Leben gefesselt ist“[50]. Aber: „Selbst wenn die Vernunft uns rät, mit uns ein Ende zu machen, so dürfen wir doch nicht aufs Geratewohl zum Angriff vorstürmen. Der tapfere und weise Mann soll nicht in hastiger

---

[44] Seneca III 266; „für das Leben muß jeder auch Rücksicht nehmen auf die Billigung anderer, den Tod bestimme er ganz nach eigener Wahl [...] Dein Augenmerk sei allein darauf gerichtet, dich so schnell als möglich der Gewalt des Schicksals zu entziehen“. (Seneca III 267)

[45] Seneca III 267

[46] Seneca III 267f

[47] Seneca selbst suizidierte sich – nach Tacitus' Annalen – mit einem „kleinen Messer“ (Kom. in Seneca (Rosenbach) IV 13).

[48] Seneca III 268

[49] Dazu führt er das Beispiel eines Germanen an, der sich suizidierte, um dem „Tierkampf“ zu entgehen; dieser „trat [...] angeblich zur Befriedigung eines Bedürfnisses aus: es gab für ihn sonst keinen Ort, wohin er ohne Begleiter sich hätte entfernen können. Dort stieß er sich die zur Beseitigung des Unrates mit einem Schwamm versehene Holzstange tief in die Kehle hinein und gab infolge dieser Versperrung des Schlundes den Geist auf. Das hieß dem Tode Hohn antun. Recht so.“ (Seneca III 269)

[50] Seneca III 37

Flucht [...] aus dem Leben scheiden"; das „leidenschaftliche Verlangen, zu sterben" solle gemieden werden.[51] Man solle heiteren und ruhigen Sinnes den Tod erwarten, nicht ihn heftig begehren (aus Geistesverwirrtheit oder Überreiztheit, Zorn).[52]

Es sei zu überlegen, ob man „die äußerste Altersgrenze [...] meiden und das Ende nicht" abwarten solle: „es kommt sehr viel darauf an, ob man das Leben verlängert oder das Sterben. Aber wenn der Körper den Dienst versagt, was sollte dann den Leidenden davon abhalten der Seele ihre Freiheit zu geben? Und unter Umständen müßte man sich noch eher dazu entschließen als es sein muß, um nicht, wenn es sein muß, unfähig dazu zu sein."[53]

Aber: „Schmerz soll niemals Veranlassung für mich werden, Hand an mich zu legen: so zu sterben ist nichts anderes als sich besiegen lassen"; erst unbesiegbarer Schmerz rechtfertige die Selbsttötung.[54]

2.4 Aurelius Augustinus

Augustinus urteilt kategorisch: Es ist „ohne Frage [...,] wer sich selbst umbringt, ein Mörder"[55], er begeht eine „abscheuliche Untat und ein verdammliches Verbrechen"[56]. Sein wichtigstes Argument ist das fünfte Gebot („Du sollst nicht töten"[57]). Das Tötungsverbot beziehe sich auf alle Menschen (und ausschließlich auf Menschen), also „sowohl auf den andern als auch auf dich selbst. Denn wer sich tötet, tötet auch einen Menschen."[58]. Außerdem gebe es in der heiligen Schrift „nirgendwo eine göttliche Anweisung oder Erlaubnis [...] uns selbst das Leben zu nehmen"[59].

---

[51] Seneca III 93f

[52] Seneca III 113

[53] Seneca III 210, vgl. Seneca III 211.

[54] Seneca III 211. „Das Schicksal spart nicht mit Schlägen und Verwundungen gegen uns: laßt es uns dulden." (I 18) Von den zahlreichen weiteren Textstellen über Tod und ‚Freitod' seien folgende genannt: Seneca III 1, 7-9, 37, 88-94, 98-100, 111-115, 129-131, 187f, 207 (diese Liste ist nicht annähernd vollständig; in seinen Werken finden sich viele weitere Bemerkungen zum Thema).

[55] Augustinus: Vom Gottesstaat Band 1, S. 31 = I 17; vgl. Augustinus: Vom Gottesstaat 1, 40 = I 21.

[56] Augustinus: Vom Gottesstaat 1, 44 = I 25

[57] Die Einheitsübersetzung von 1980 schreibt: „Du sollst nicht morden." (2. Moses 20, 13 = 5. Moses 5, 17, aber Jakobus 2, 11 mit „töten" statt „morden"), die Elberfelder von 1905 übersetzt hingegen an den gleichen Stellen: „Du sollst nicht töten." Ebenso Luther 1545: „DV solt nicht tödten." (Bibel 1545, 1905 bzw. 1980/2017)

[58] Augustinus: Vom Gottesstaat 1, 39 = I 20; für eine ausführlichere Begründung s. Augustinus: Vom Gottesstaat 1, 37-39 = I 20.

[59] Augustinus: Vom Gottesstaat 1, 37 = I 21

Der Suizid entspreche (oft) einem „selbstvollzogene[n] Strafgericht".[60]

Augustinus lässt (fast) keine Ausnahme zu. Zum Beispiel verurteilt er Lucretia, die sich nach einer Vergewaltigung das Leben genommen hat; war sie unschuldig, so hat sie sich lediglich aus „schwächlichem Schamgefühl"[61] getötet, und dann hat „diese vielgepriesene Lucretia [...] die unschuldige, keusche, vergewaltigte Lucretia" getötet[62]: weder „die Heiligkeit des Leibes", noch die „des Geistes" kann verloren gehen, wenn „wider Willen und durch fremden Frevel Gewalt" angetan wird[63]; und war sie schuldig, so hätte sie Buße tun können[64].

So ist es auch verboten sich zu töten, um eigene spätere Sünden zu verhüten: „Wäre es ferner nicht besser, etwas Sträfliches zu begehen, was durch Buße wieder getilgt werden kann, als eine Übeltat, bei der es keine Möglichkeit heilsamer Buße mehr gibt?"[65], der Suizid lasse „keinen Raum für heilsame Reue"[66].

Eine Selbsttötung ist i.a. ein Zeichen für einen „schwachen Geist"; Theombrotus, der sich nach der Lektüre Platons suizidierte, „um so aus diesem Leben in das geglaubte bessere auszuwandern", ohne dass ihn ein Unglück bedrängte, habe zwar eine gewisse Seelengröße bewiesen, doch war „diese Tat mehr groß als gut".[67]

Weiterhin ist es auch nicht erlaubt, sich zu töten, um nicht Feinden in die Hände zu fallen; Augustinus lobt Marcus Regulus dafür, dass er „lieber die ärgsten Qualen an seinem Leibe" erduldet habe, „als durch freiwilligen Tod all der Pein ein Ende machen" zu wollen[68]; Gefangenschaft und Knechtschaft[69], Notzucht[70] seien zu erdulden. Christen, „die den wahren Gott verehren und nach dem himmlischen Vaterland verlangen" werden vor dem Suizid, „vor dieser Übeltat zurückschrecken, wenn göttliche Fügung sie zur Prüfung oder Läuterung zeitweise der Gewalt der Feinde überliefert"[71].

Der einzige Fall, in dem die Selbsttötung erlaubt ist, liegt vor, wenn Gott sie befiehlt: „wer also um das Verbot, sich zu töten, weiß, mag es dennoch tun, wenn der

---

[60] Augustinus: Vom Gottesstaat 1, 37 = I 19
[61] Augustinus: Vom Gottesstaat 1, 37 = I 19
[62] Augustinus: Vom Gottesstaat 1, 35 = I 19
[63] Augustinus: Vom Gottesstaat 1, 33f = I 18
[64] Augustinus: Vom Gottesstaat 1, 36 = I 19
[65] Augustinus: Vom Gottesstaat 1, 45 = I 25
[66] Augustinus: Vom Gottesstaat 1, 31 = I 17
[67] Augustinus: Vom Gottesstaat 1, 40 = I 22
[68] Augustinus: Vom Gottesstaat 1, 42 = I 24
[69] Augustinus: Vom Gottesstaat 1, 43 = I 24
[70] Augustinus: Vom Gottesstaat 1, 37 = I 19
[71] Augustinus: Vom Gottesstaat 1, 44 = I 24

es befohlen hat, dessen Befehle niemand verachten darf, aber er sehe wohl zu, ob dieser Befehl auch keinen Zweifeln ausgesetzt ist."[72]

Augustinus fasst seine im *Gottesstaat* vorgetragene Sicht zusammen: „Das aber sagen, das versichern wir, daran halten wir mit aller Entschiedenheit fest, dass niemand freiwillig den Tod suchen darf, um zeitlicher Pein zu entgehen, er würde sonst der ewigen anheimfallen. Niemand darf es auch wegen fremder Sünde, damit er, den fremde nicht beflecken konnte, nicht in schwerste eigene Sünde falle; niemand wegen eigener vergangener Sünden, derentwegen er es nur noch nötiger hat, am Leben zu bleiben, um sie durch Buße zu tilgen; niemand darf's aus Verlangen nach einem besseren Leben, das er sich nach dem Tode erhofft, denn die am eigenen Tode Schuldigen erwartet kein besseres Leben."[73]

In seiner Schrift *Der freie Wille* betrachtet Augustinus den Suizid als Irrtum: Tatsächlich sei das „Sein an sich" ein „großes Gut": „sowohl die Glücklichen als auch die Elenden wollen" es,[74] nur dass der Elende nicht elend sein will.[75] „Wenn du dir das gut überlegt hast, wirst du sehen, daß du um so elender bist, je weniger du dem Höchsten nahekommst, und dass du das Nichtsein nur so lange für besser als das Elendsein hältst, als du noch nicht das Höchste siehst; und du wirst erkennen, dass du deshalb sein willst, weil du das Sein von Jenem hast, Der das Höchste ist."[76]

Der Suizident verlangt eigentlich nach Ruhe: „Das ganze Verlangen des Todeswillen zielt also nicht dahin, daß der Gestorbene nicht ist, sondern daß er ruht".[77] „Ruhe ist kein Nichts, im Gegenteil: die Ruhe ist ein vollkommeneres Sein als die Unruhe."[78]

Darüber hinaus könne „niemand in rechter Weise wählen, nicht zu sein", denn „Nichtsein [...] ist nicht etwas, sondern ist einfach nichts, und das kann man keine Entscheidung nennen, wenn ihr Gegenstand nicht existiert."[79] „Wer sich für das Nichtsein entscheidet, ist überführt, daß er tatsächlich nichts wählt, auch wenn er es nicht zugeben will."[80]

---

72 Augustinus: Vom Gottesstaat 1, 46 = I 26
73 Augustinus: Vom Gottesstaat 1, 46f = I 26
74 Augustinus: Der freie Wille 135 = III 20
75 Vgl. Augustinus: Der freie Wille 133 = III 18.
76 Augustinus: Der freie Wille 135 = III 20
77 Augustinus: Der freie Wille 138 = III 23
78 Augustinus: Der freie Wille 138 = III 23
79 Augustinus: Der freie Wille 136 = III 22
80 Augustinus: Der freie Wille 137 = III 22

2.5 Thomas von Aquin

Thomas von Aquins Stellung zum Suizid ist eindeutig: „Sich selbst zu töten ist ganz und gar unerlaubt"[81]; er verweist auf das fünfte Gebot[57] und zitiert dazu Augustinus[58]: „Also weder einen anderen noch sich selbst. Denn nichts anderes als einen Menschen tötet, wer sich selbst tötet"[82]. Die Selbsttötung ist die „gefährlichste Sünde, weil keine Zeit bleibt, sie durch Buße zu sühnen"[83].

Sie ist ein dreifaches Verbrechen:

[1]   gegen sich selbst;

[2]   gegen die Gesellschaft;

[3]   gegen Gott.

Zu [1]: Jedes Wesen liebe sich selbst von Natur aus[84], und „daher kommt es, daß jedes Wesen von Natur aus sich selbst im Sein zu erhalten sucht"[85]. Der Suizid ist daher „gegen den Naturtrieb", „gegen das Naturgesetz", „und gegen die Liebe, mit der jeder sich selbst lieben muß". Also ist er „immer schwer sündhaft"[86].

Zu [2]: „Jeder Mensch [...] ist Teil der Gemeinschaft; deshalb gehört er mit dem, was er ist, der Gemeinschaft". Somit sei der Suizid ein Unrecht gegenüber der Gemeinschaft, wie Thomas unter ausdrücklichem Bezug auf Aristoteles[34] schreibt.[87]

Zu [3]: Da Gott dem Menschen das Leben geschenkt hat und dieser ihm unterworfen ist, sündigt er gegen Gott, wenn er sich tötet. „Gott allein also steht die Entscheidung zu über Leben und Tod, nach Dt [5. Moses] 32, 39: ‚Ich bin es, der tötet und der lebendig macht'."[88] Der Suizid ist eine Entscheidung „über eine Sache, die ihm [dem Menschen] nicht übertragen ist".[89]

Der Märtyrer wird dagegen gerechtfertigt: „Es ist Tapferkeit, wenn einer, um des Gutes der Tugend willen und um die Sünde zu vermeiden, nicht davor zurückschreckt, den Tod von der Hand eines anderen zu empfangen". Die Selbsttötung, um

---

[81] Thomas von Aquin: Summa 164
[82] Thomas von Aquin: Summa 164
[83] Thomas von Aquin: Summa 167
[84] Thomas von Aquin: Summa 164
[85] Thomas von Aquin: Summa 164f
[86] Thomas von Aquin: Summa 165
[87] Thomas von Aquin: Summa 165
[88] Thomas von Aquin: Summa 165
[89] Thomas von Aquin: Summa 165

Qualen zu entgehen, ist dagegen „Schwäche"[90] und ebenso wenig erlaubt, wie sich selbst „wegen einer begangenen Sünde" zu töten.[91] Auch darf sich eine Frau, um nicht vergewaltigt zu werden, nicht töten. „Denn sie darf gegen sich selbst kein solch schweres Verbrechen begehen, wie es der Selbstmord ist, um ein fremdes Verbrechen zu verhüten."[92]

Auch der, der sich tötet, um zu verhindern, später eine Sünde zu begehen, macht sich schuldig: „Denn es ist nicht sicher, ob einer in der Zukunft der Sünde zustimmt; denn Gott ist mächtig genug, den Menschen in jeder ihn überraschenden Versuchung vor der Sünde zu bewahren"[93].

2.6 David Hume

Hume hat dem Problem der Selbsttötung einen eigenen Essay gewidmet, *On Suicide*[94], der aber erst 1777 posthum erschien.

Zu Beginn schreibt er, dass nur die Philosophie ein „unübertreffliche[s] Gegengift [...] gegen Aberglauben und falsche Religion" sei. Cicero zitierend, äußert er, dass der „abergläubische Mensch [...] in jeder Lage, in jedem Lebensereignis erbärmlich"[95] sei: „Ich möchte hinzufügen, daß er, obwohl allein der Tod seinem Elend ein Ende setzen kann, es nicht wagt, zu dieser Zufluchtsstätte zu fliehen, sondern immer noch ein elendes Dasein aus der leeren Furcht heraus verlängert, daß er seinen Schöpfer durch den Gebrauch einer Macht beleidige, die dieses wohltätige Wesen ihm verliehen hat."[96] Hume möchte „den Menschen in seine angeborene Freiheit wieder einsetzen" und ihm die durch Ängstlichkeit und Aberglaube geraubte „Gewalt über sein Leben" wiedergeben. Er will zeigen, dass der Suizid „frei von jedem Vorwurf der Schuld und des Tadels sein mag".[97]

---

[90] Thomas von Aquin: Summa 168
[91] Thomas von Aquin: Summa 167
[92] Thomas von Aquin: Summa 167
[93] Thomas von Aquin: Summa 168
[94] Die hier benutzte deutsche Übersetzung von 1984 trägt den Titel „Über Selbstmord" (ebenso wie die von Paulsen aus dem Jahr 1905, abgedruckt in Szittya 1925: 11-23), es findet sich aber auch: „Traktat über den Freitod" (Hume 1777/2006) oder „Über den Freitod" (Hume 1777/2009).
[95] Hume: Selbstmord 89
[96] Und weiter: „Die Gaben Gottes und der Natur werden uns von diesem grausamen Feind fortgerafft, und obgleich uns ein einziger Schritt aus dem Reich des Schmerzes und der Sorge herausführen würde, ketten uns seine Drohungen an ein verhaßtes Dasein, zu dem er selbst in erster Linie beiträgt, es so erbärmlich zu machen." (Hume: Selbstmord 90)
[97] Hume: Selbstmord 90

Dazu untersucht er, inwieweit „Selbstmord ein Verbrechen"[98] sein kann. Er unterscheidet die drei Möglichkeiten einer „Übertretung unserer Pflicht gegenüber

[1] Gott,

[2] unserem Nächsten oder

[3] uns selbst".[99]

Zu [1]: Hume argumentiert, dass „alle Ereignisse [...] in einem gewissen Sinn als Handlung des Allmächtigen bezeichnet werden [können]; sie entspringen alle jenen Kräften, mit denen er seine Geschöpfe ausgestattet hat."[100] Die „Lenkung der Welt" betrifft die belebten ebenso wie die unbelebten Prinzipien. Es gibt also „kein Ereignis, [...] das [...] von den allgemeinen Gesetzen, die das Universum lenken, ausgenommen" ist. „Die Natur hält ihren Lauf und ihre Wirkungsweisen stets ein"[101]. Daher dürfen die Menschen auch „jede Fähigkeit, die ihnen verliehen ist, anwenden, um für ihr Wohlergehen, Glück und Erhaltung Sorge zu tragen". Ein Mensch, „der des Lebens müde ist und von Schmerz und Elend gejagt wird, alle natürlichen Schrecken vor dem Tod tapfer überwindet und diesem grausamen Schauplatz entflieht", kann also nicht „sich den Unwillen seines Schöpfers zugezogen" haben, indem er in „das Geschäft der göttlichen Vorsehung eingegriffen und die Weltordnung durcheinander gebracht haben soll".[102] „Alle Lebewesen [...] haben volle Befugnis, soweit ihre Kraft reicht, alle Wirkungen der Natur abzuändern. Ohne die Ausübung dieser Befugnis könnten sie keinen Augenblick leben; jede Handlung, jede Bewegung eines Menschen verändert die Ordnung einiger Teile der Materie" etc. Warum also sollte „die freie Verfügungsgewalt" über das eigene Leben eine Ausnahme darstellen und unerlaubt sein? Dazu führt Hume an, dass das „Leben eines Menschen [...] für das Universum keine größere Bedeutung [habe] als das einer Auster".[103] Weiterhin müsse, wenn es dem Menschen verboten wäre, über ihr eigenes Leben zu verfügen, es gleichermaßen „verbrecherisch" sein, „für die Erhaltung wie für die Zerstörung des Lebens tätig zu sein". „Ein Haar, eine Fliege, ein Insekt" können einen Menschen töten, die „menschliche Einsicht" aber, fragt Hume, soll darüber

---

[98] Hume: Selbstmord 90
[99] Hume: Selbstmord 90
[100] Hume: Selbstmord 91
[101] „[...] und wenn die allgemeinen Gesetze jemals durch besondere Willensakte der Gottheit durchbrochen werden, so geschieht das auf eine Weise, die der menschlichen Beobachtung vollständig entgeht". (Hume: Selbstmord 92)
[102] Hume: Selbstmord 92
[103] Hume: Selbstmord 93

nicht „legitimerweise" bestimmen können? Es sei absurd, Nil oder Donau umleiten zu dürfen, nicht aber „einige wenige Unzen Blut".[104]

„Die göttliche Vorsehung bleibt stets unverletzt und liegt weit jenseits des Bereichs menschlicher Zugriffe."[105] Es sei sogar „eine Art Gotteslästerung zu glauben, dass irgendein erschaffenes Wesen die Weltordnung stören oder in das Geschäft der Vorsehung eingreifen kann",[106] da ja alle „Kräfte und Fähigkeiten" vom „Schöpfer" stammen.[107]

Ein Suizid impliziere auch nicht eine Verwünschung der Vorsehung; „ich danke der Vorsehung sowohl für das Gute, das ich schon genossen habe, wie für die mir verliehene Macht, dem Übel zu entfliehen, das mich bedrängt".[108]

Zu [2]: Der Gesellschaft wird durch einen Suizid „kein[] Schaden" zugefügt.[109] Der Mensch „hört lediglich auf, Gutes zu tun". Mit dem Rückzug aus der Gesellschaft enden auch alle Verpflichtungen ihr gegenüber, denn diese scheinen auf Gegenseitigkeit zu beruhen. Auf keinen Fall ist der Mensch verpflichtet, „der Gesellschaft ein geringfügiges Gutes auf Kosten eines großen Übels" zu erweisen.[110] Außerdem sei der Mensch, der sich umbringen wolle, oft eher eine „Last" für die Gesellschaft: „In solchen Fällen muß mein Abschied vom Leben nicht nur schuldlos, sondern lobenswert sein".[111] Die Selbsttötung, um sich einem „schmachvollen Tod" zu entziehen, ist für Hume gerechtfertigt; tötet sich jemand, um der Folter und der Gefahr, dass er dabei aus Schwachheit ein Geheimnis verrät, zu entgehen, so wäre der Gesellschaft ebenfalls nicht geschadet.

Zu [3]: „Daß Selbstmord oft mit dem Interesse und mit der Pflicht gegen uns selber vereinbar ist, kann niemand bezweifeln, der zugibt, daß Alter, Krankheit oder Unglück das Leben zu einer Last und es sogar schlimmer als seine Vernichtung ma-

---

[104] Hume: Selbstmord 94
[105] Hume: Selbstmord 95
[106] Hume: Selbstmord 96f
[107] „Wohl kann der Mensch die Gesellschaft stören, und dadurch das ‚Mißfallen' Gottes hervorrufen; das aber werde dem Menschen durch der menschlichen Natur eingepflanzte Prinzipien mittels des Gefühls der Reue bzw. des Tadels bewußt." (Hume: Selbstmord 97)
[108] „Euch kommt es zu, über die Vorsehung zu klagen, die ihr törichterweise glaubt, eine derartige Macht nicht zu haben und die ihr ein verhaßtes Leben noch fortführen müßt, obwohl es mit Schmerz und Krankheit, mit Schande und Armut beladen ist." (Hume: Selbstmord 94)
[109] Hume: Selbstmord 97
[110] Hume: Selbstmord 97
[111] Hume: Selbstmord 97f

19

chen können."[112] Unsere „natürliche Angst vor dem Tod" sei so groß, dass wohl „noch niemand das Leben weggeworfen hat, als es noch lebenswert war".[113]

Hume resümiert: „Wenn Selbstmord ein Verbrechen ist, dann kann uns nur Feigheit dazu treiben. Wenn er kein Verbrechen ist, dann sollten uns sowohl Einsicht wie Mut dazu anhalten, uns von unserem Dasein mit einem Schlag zu befreien, wenn es eine Last wird. Das ist dann der einzige Weg, wie wir der Gesellschaft nützlich sein können, indem wir ein Beispiel setzen, dessen Nachahmung jedermann seine Chance für ein glückliches Leben erhalten und ihn wirksam von jeder Gefahr und allem Elend befreien würde."

Er schließt seinen Essay mit einer Fußnote, in der er betont, „daß Selbstmord für Christen ebenso legal ist wie er es für die Heiden war". Hume führt an, dass die Bibel den Suizid nicht verbiete. Auch das fünfte Gebot müsse „wie die meisten Lehren der Schrift durch Vernunft und gesunden Menschenverstand modifiziert werden", zum Beispiel sei die Todesstrafe ja auch erlaubt. Außerdem sei „das ganze Gesetz *Moses'* [...] abgeschafft, soweit es nicht durch das Naturrecht aufrecht erhalten wird"[114]. Abschließend zitiert Hume Plinius, der in der „Macht, Selbstmord zu begehen" einen Vorteil sieht, den der Mensch Gott gegenüber habe.[115]

---

[112] Hume: Selbstmord 98

[113] Hume: Selbstmord 98. Dort heißt es weiter: „[...] und obschon vielleicht jemandes Gesundheits- und Glücksumstände dieses Mittel nicht zu erfordern schienen, dürfen wir doch wenigstens gewiß sein, daß jedermann, der ohne ersichtlichen Grund dazu griff, von einer derart unheilbaren Verkehrtheit oder Düsterkeit des Gemüts gequält wurde, daß sie alle Freuden vergiftete und ihn ebenso elend machte, als wenn er mit dem schwersten Mißgeschick beladen gewesen wäre." (Hume: Selbstmord 98)

[114] Hume: Selbstmord 99

[115] Hume: Selbstmord 99. Plinius der Ältere (23/24-79) schreibt in seiner Naturgeschichte: „Gott kann sich, auch wenn er wollte, nicht selbst den Tod geben, was er dem Menschen als beste Gabe in den so großen Mühen des Lebens verlieh." (Plinius: Naturalis historia II, c.5, § 27; zitiert nach Schlette 1989: 41; in anderer Übersetzung: „Ein besonderer Trost bei der Unvollkommmenheit der menschlichen Natur aber ist es, daß auch die Gottheit nicht alles vermag. Denn sie kann sich nicht selbst das Leben nehmen, wenn sie auch wollte, was sie bei den so großen Leiden des Lebens dem Menschen als köstliches Geschenk gegeben hat" (Plinius: Naturgeschichte 72).)

2.7 Immanuel Kant

Kant erwähnt das Problem des Suizids vor allem in seiner Ethikvorlesung[116], der *Grundlegung zur Metaphysik der Sitten* und im zweiten Teil der *Metaphysik der Sitten.*

2.7.1 Ethikvorlesung

Die Pflichten gegen sich selbst gehören nach Kant nicht zu den Rechtspflichten. „Denn das Recht betrifft nur das Verhältnis gegen andere Menschen" betont er in dieser Vorlesung; ich handle aber „nicht wider die Gerechtigkeit, wenn ich wider mich selbst handle".[117] Der Suizid sei „die höchste Verletzung der Pflicht gegen sich selbst"[118], wobei diese Pflichten „den obersten Rang [haben] und [...] die wichtigsten unter allen" seien[119]. „Wer die Pflicht gegen sich selbst übertritt, wirft die Menschheit weg", die Übertretung nehme „dem Menschen den ganzen Wert."[120] Der „Selbstmord ist das abscheulichste Laster des Grausens und des Hasses."[121] Kant führt mehrere Argumente an: Der Suizid widerspreche der Freiheit, welche „beim Menschen [...] der höchste Grad des Lebens" sei „und den Wert desselben" ausmache.[122] Durch die Selbsttötung werde das Subjekt der Sittlichkeit aufgehoben: „dadurch wird die Bedingung aller übrigen Pflichten aufgehoben".[123] Die „unwandelbare Bedingung" der Freiheit sei, dass ich sie „nicht wider mich selbst zu meiner Destruktion gebrauche".[124]

---

[116] Ein Original-Skript einer Vorlesung existiert nicht. Kant hat ab 1765 bis etwa 1790 Vorlesungen über Ethik gehalten, meist nach dem Lehrbuch des Wolff-Schülers Baumgarten (*Ethica philosophica*, zuerst erschienen 1740). Die hier zugrunde gelegte Nachschrift dürfte Kants Vorlesungen, welche er 1775-1785 gehalten hat, entsprechen (vgl. Gerhardt 1990: 292, Seidler 1983: 439, Höffe 1992: 27: „Gemäß den Gepflogenheiten seiner Zeit trägt Kant nicht seine eigene Philosophie vor. Nicht bloß in der vorkritischen Zeit hält er seine Vorlesungen auf der Grundlage von Lehrbüchern [...], die Ethik [...] meist nach *A. G. Baumgarten*"). Dass aber andererseits viele Gedanken von Kant in diese Vorlesungen eingeflossen sind, ist nicht zu bestreiten.

[117] Kant: Vorlesung 130, vgl. Kant: Vorlesung 137, 169f.

[118] Kant: Vorlesung 132, auch 162. Vgl. aber Kant: Vorlesung 164, 169f.

[119] Kant: Vorlesung 131

[120] Kant: Vorlesung 131

[121] Kant: Vorlesung 137. Vgl. Kant: Vorlesung 164: „Es erweckt der Selbstmord ein Grausen, indem der Mensch sich dadurch unter das Vieh setzt. Wir sehen einen Selbstmörder als ein Aas an."

[122] Kant: Vorlesung 163

[123] Kant: Vorlesung 162

[124] Kant: Vorlesung 166

Weiterhin widerspreche die Selbsttötung der „Menschheit in meiner Person"[125], der „Würde der Menschheit"[126]: „Die Menschheit hat eine Unverletzlichkeit in seiner Person, es ist was Heiliges, was uns anvertraut ist; dem Menschen ist alles unterworfen, nur sich selbst muß [d. h. darf] er nicht angreifen".[127] Nur über Sachen dürfe der Mensch disponieren; der „Selbstmörder"[128] mache sich selbst zur Sache,[129] setze die „Menschheit unter die Tierheit", versetze „sich also in den Wert des Viehes"[130]. (Tiere werden von Kant als Sachen angesehen.[131]) Somit aber werde der „Selbstmörder" „ein Objekt der freien Willkür für jedermann, mit dem kann hernach ein jeder machen, was er will, er kann von anderen als ein Tier, als eine Sache behandelt werden. Man kann sich an ihm exerzieren, so wie an seinem Pferde oder Hunde, denn er ist kein Mensch mehr, er hat sich selbst zur Sache gemacht, demnach kann er nicht fordern, daß andere seine Menschheit in ihm respektieren sollen, da er sie selbst schon weggeworfen hat. Die Menschheit ist aber achtungswert, und wenn auch der Mensch ein schlechter Mensch ist, so ist doch die Menschheit in seiner Person achtungswert."[132]

„Wer die Pflicht gegen sich selbst übertritt, wirft die Menschheit weg, und dann ist er nicht mehr im Stande, Pflichten gegen andere auszuüben."[133] Unser „innerer Wert", die „Würde der Menschheit", sei „die Basis aller übrigen Pflichten. Wer keinen inneren Wert hat, der hat seine Person weggeworfen und der kann keine Pflicht mehr ausüben";[134] „wer es schon so weit gebracht hat, daß er jedesmal ein Meister über sein Leben ist, der ist auch Meister über jedes anderen sein Leben, dem stehen die Türen zu allen Lastern offen, denn ehe man ihn habhaft werden kann, ist er bereit, sich aus der Welt wegzustehlen. Es erweckt also der Selbstmord ein Grausen".[135]

Wichtig ist auch, dass Kant sich überlegt, was unter *Selbstmord* zu verstehen ist: „Wer [zum Beispiel] sein Leben durch Unmäßigkeit" verkürze, sei zwar „schuld an"

---

[125] Kant: Vorlesung 164
[126] Kant: Vorlesung 134
[127] Kant: Vorlesung 164
[128] Kant: Vorlesung 164 u.ö.
[129] Kant: Vorlesung 164
[130] Kant: Vorlesung 164f
[131] Kant: Vorlesung 164. Kants Haltung ist an anderen Stellen aber differenzierter; insbesondere ist Tierquälerei nach Kant unmoralisch: sie verletze die „Pflicht des Menschen gegen sich selbst" (Kant VI 443 (MST)).
[132] Kant: Vorlesung 164
[133] Kant: Vorlesung 131
[134] Kant: Vorlesung 134
[135] Kant: Vorlesung 163f

seinem Tod, aber kein „Selbstmörder". „Die Intention, sich selbst zu destruieren, macht den Selbstmord aus." Es sei also ein Unterschied, „die Unvorsichtigkeit [der Unmäßigkeit], wobei noch ein Wunsch zum leben übrigbleibt, und die Absicht, sich selbst zu ermorden."[136]

Aller für den „Selbstmord"[137] sprechende Schein verliere sich spätestens, „wenn man den Selbstmord in Ansehung der Religion" erwäge: „Wir sind in diese Welt zu gewissen Bestimmungen und Absichten gesetzt. Ein Selbstmörder aber widerstreitet dem Zweck seines Schöpfers; er kommt in jener Welt als ein solcher, der seinen Posten verlassen hat; er ist also als ein Rebell wider Gott anzusehen."[138] Wir haben kein Recht, „den Erhaltungskräften unserer Natur Gewalt anzutun und die Weisheit in ihrer Verrichtung zu stören. Diese Schuldigkeit liegt uns so lange ob, bis Gott uns ausdrücklichen Befehl gibt, dieses Leben zu verlassen." Außerdem sei „Gott [...] unser Eigentumsherr, wir sind sein Eigentum, und seine Vorsehung besorgt unser Bestes." Kant betont aber noch, dass der Suizid verboten sei, nicht weil Gott ihn verboten hätte, sondern Gott habe ihn verboten, da er „abscheulich" und unerlaubt sei.[139]

Selbsttötung sei also „unter keiner Bedingung erlaubt".[140] Andererseits schreibt Kant aber, dass es besser sei, „das Leben aufzuopfern, als die Moralität zu verlieren. Es ist nicht nötig zu leben, aber das ist nötig, dass man, so lange als man lebt, ehrenwert lebe."[141] Wenn das Leben „nicht anders erhalten [werden] kann als durch Verletzung der Pflicht gegen mich selbst, so bin ich verbunden, dasselbe [...] aufzuopfern".[142] „Das Elend berechtigt keinen Menschen sich das Leben zu nehmen"[143] („das Klagen über Schicksal und Unglück entehrt den Menschen schon"[144]), „Not kann die Sittlichkeit nicht aufheben" und nur die Sittlichkeit könne „mich [...] von der Vorsorge für mein Leben" lossprechen. „Wenn ich also mein Leben nur durch Niederträchtigkeit erhalten kann, so spricht mich die Tugend von der Pflicht, mein Leben zu erhalten, los, weil hier eine höhere Pflicht gebietet und mir das Urteil fällt, mein Leben aufzuopfern."[145] Kant führt auch ein Beispiel an: „Wenn nun z. E. eine Person ihr Leben nicht länger anders erhalten kann, als durch Preisgebung ihrer Per-

---

[136] Kant: Vorlesung 163
[137] Kant: Vorlesung 137 u.ö.
[138] Zumindest „so lange wir diese Wahrheit anerkennen, daß die Erhaltung des Lebens zu den Absichten Gottes gehöre" (Kant: Vorlesung 166).
[139] Kant: Vorlesung 167; ebenso Kant: Vorlesung 133
[140] Kant: Vorlesung 164
[141] Kant: Vorlesung 165
[142] Kant: Vorlesung 164
[143] Kant: Vorlesung 170
[144] Kant: Vorlesung 166
[145] Kant: Vorlesung 170

son in den Willen eines anderen, so ist sie verbunden, lieber ihr Leben aufzugeben als die Würde der Menschheit in ihrer Person zu entehren, welches sie dadurch tut, daß sie sich als eine Sache der Willkür eines anderen übergibt."[146]

2.7.2 Grundlegung zur Metaphysik der Sitten

In dieser 1785 erschienenen Schrift behandelt Kant die Selbsttötung als ein Beispiel im Zusammenhang mit den notwendigen[147] bzw. vollkommenen[148] Pflichten gegen uns selbst.[149] Dabei versteht er „hier unter einer vollkommenen Pflicht diejenige, die keine Ausnahme zum Vortheil der Neigung verstattet"[150]. Kant betrachtet *nicht* den Suizid überhaupt, sondern einen bestimmten Fall: „Einer, der durch eine Reihe von Übeln, die bis zur Hoffnungslosigkeit angewachsen ist, einen Überdruß am Leben empfindet, ist noch so weit im Besitze seiner Vernunft, daß er sich selbst fragen kann, ob es auch nicht etwa der Pflicht gegen sich selbst zuwider sei, sich das Leben zu nehmen."[151] Nach Kants Ansicht wäre ein solcher Suizid nicht mit dem kategorischen Imperativ vereinbar. Er wendet zunächst die Naturgesetzformel[152] an, fragt also, „ob die Maxime seiner Handlung wohl ein allgemeines Naturgesetz werden könne. Seine Maxime aber ist: ich mache es mir aus Selbstliebe zum Princip, wenn das Leben bei seiner längern Frist mehr Übel droht, als es Annehmlichkeit verspricht, es mir abzukürzen."[153] „[D]ieses Princip der Selbstliebe" könne aber kein „allgemeines Naturgesetz" werden, da „eine Natur, deren Gesetz es wäre, durch dieselbe Empfindung, deren Bestimmung es ist, zur Beförderung des Lebens anzutreiben, das Leben selbst zu zerstören, ihr selbst widersprechen [würde] und also nicht als Natur bestehen".[154]

---

[146] Kant: Vorlesung 169
[147] Kant IV 429 (GMS)
[148] Kant IV 421 (GMS)
[149] Kant teilt die Pflichten in vollkommene und unvollkommene gegen sich und gegen andere ein.
[150] „[...] und da habe ich nicht bloß äußere, sondern auch innere vollkommene Pflichten, welches dem in Schulen angenommenen Wortgebrauch zuwider läuft, ich aber hier nicht zu verantworten gemeint bin, weil es zu meiner Absicht einerlei ist, ob man es mir einräumt, oder nicht" (Kant IV 421 (GMS))
[151] Kant IV 421f (GMS)
[152] „Handle so, als ob die Maxime deiner Handlung durch deinen Willen zum **allgemeinen Naturgesetze** werden sollte." (Kant IV 421 (GMS))
[153] Kant IV 422 (GMS)
[154] Kant IV 422 (GMS)

Auch aus der Formel des Zweckes an sich selbst[155] folgert Kant, dass der ‚Lebensüberdruss-Suizid' unmoralisch ist: Die „Handlung" könne nicht „mit der Idee der Menschheit als Zwecks an sich selbst zusammen bestehen"[156]: „Wenn er, um einem beschwerlichen Zustande zu entfliehen, sich selbst zerstört, so bedient er sich einer Person bloß als eines Mittels zu Erhaltung eines erträglichen Zustandes bis zu[m] Ende des Lebens. Der Mensch aber ist keine Sache, mithin nicht etwas, das bloß als Mittel gebraucht werden kann, sondern muß bei allen seinen Handlungen jederzeit als Zweck an sich selbst betrachtet werden. Also kann ich über den Menschen in meiner Person nichts disponiren, ihn zu verstümmeln, zu verderben, oder zu tödten."[157]

Dabei weist Kant noch hin auf Probleme im Zusammenhang mit, so seine Beispiele, Amputationen oder dem Sich-in-Lebensgefahr-Begeben, um das Leben zu erhalten.[158] Die nähere Bestimmung des obigen Grundsatzes (über den Menschen in sich nicht(s) disponieren zu dürfen), und damit die genannten Probleme, gehören, so Kant, zur „eigentlichen" Moral und also nicht in die hier betrachtete Schrift.[159]

Bemerkenswert ist noch, dass Kant zum Beispiel des Suizides und den drei weiteren in der Grundlegung angeführten schreibt: „Dieses sind nun einige von den vielen wirklichen oder wenigstens von uns dafür gehaltenen Pflichten".[160]

2.7.3 Kritik der praktischen Vernunft

Auch in der *Kritik der praktischen Vernunft* von 1788 greift Kant den Suizid als Beispiel für eine Anwendung des kategorischen Imperativs auf: „Eben so wird die Maxime, die ich in Ansehung der freien Disposition über mein Leben nehme, sofort bestimmt, wenn ich mich frage, wie sie sein müßte, damit sich eine Natur nach einem Gesetze derselben erhalte. Offenbar würde niemand in einer solchen Natur sein Leben willkürlich endigen können, denn eine solche Verfassung würde keine bleibende Naturordnung sein, und so in allen übrigen Fällen."[161] Einige Seiten später führt er das Beispiel ein weiteres Mal an: „Die Regel der Urtheilskraft unter Geset-

---

[155] „Handle so, daß du die Menschheit sowohl in deiner Person, als in der Person eines jeden andern jederzeit zugleich als Zweck, niemals bloß als Mittel brauchst." (Kant IV 429 (GMS))
[156] Kant IV 429 (GMS)
[157] Kant IV 429 (GMS)
[158] Kant spricht u.a. von Situationen, in denen „ich mein Leben aussetze, um mein Leben zu erhalten" (Kant IV 429 (GMS)).
[159] Kant IV 429 (GMS)
[160] Kant IV 423 (GMS)
[161] Kant V 44 (KpV)

zen der reinen praktischen Vernunft ist diese: Frage dich selbst, ob die Handlung, die du vorhast, wenn sie nach einem Gesetze der Natur, von der du selbst ein Theil wärest, geschehen sollte, sie du wohl als durch deinen Willen möglich ansehen könntest. Nach dieser Regel beurtheilt in der That jedermann Handlungen, ob sie sittlich gut oder böse sind. So sagt man: Wie, wenn ein jeder, wo er seinen Vortheil zu schaffen glaubt, sich erlaubte, zu betrügen, oder befugt hielte, sich das Leben abzukürzen, so bald ihn ein völliger Überdruß desselben befällt".[162]

2.7.4 Die Metaphysik der Sitten

Auch in diesem Werk[163] behandelt Kant das Problem des Suizids[164]; diesmal aber nicht lediglich als ein Beispiel, sondern innerhalb des „System[s] der allgemeinen Pflichtenlehre"[165]: „Die, wenn gleich nicht vornehmste, doch erste Pflicht des Menschen gegen sich selbst in der Qualität seiner Thierheit ist die Selbsterhaltung in seiner animalischen Natur."[166] Das „Widerspiel" derselben sei der „willkürliche" physische Tod, die Entleibung, „autochiria", die Kant unterteilt in die totale („suicidium") und die partiale (Verstümmelung).[167]

„Die willkürliche Entleibung seiner selbst kann nur dann allererst **Selbstmord** (homicidium dolosum) genannt werden, wenn bewiesen werden kann, daß sie überhaupt ein Verbrechen ist." Dies glaubt Kant im Folgenden zu tun; wieder betrachtet er nur einen Aspekt: Die Selbstentleibung „kann nun zwar auch als Übertretung seiner Pflicht gegen andere Menschen (Eheleute, Eltern gegen Kinder, des Unterthans gegen seine Obrigkeit, oder seine Mitbürger, endlich auch gegen Gott, dessen uns anvertrauten Posten in der Welt der Mensch verläßt, ohne davon abgerufen zu sein)[168] betrachtet werden;" doch hier sei „nur die Rede von Verletzung einer Pflicht gegen

---

[162] Kant V 69 (KpV)

[163] Die Metaphysik der Sitten. Zweiter Theil. Metaphysische Anfangsgründe der Tugendlehre, 1797

[164] Er betrachtet die „Antriebe der Natur, was die **Thierheit** des Menschen betrifft, a) der, durch welchen die Natur die Erhaltung seiner selbst, b) die Erhaltung der Art, c) die Erhaltung seines Vermögens zum angenehmen, aber doch nur thierischen Lebensgenuß beabsichtigt." Die entsprechenden „Laster" sind: a) der „Selbstmord", b) „der unnatürliche Gebrauch [...] der Geschlechtsneigung" und c) der „unmäßige Genuß" von Nahrungsmitteln. (Kant VI 420 (MST))

[165] Kant VI 379 (MST). Das System der allgemeinen Pflichtenlehre (d.h. die Sittenlehre) zerfällt bei Kant in die Tugend- und in die Rechtslehre (Kant VI 379 (MST)).

[166] Kant VI 421 (MST)

[167] Und diese in die materiale, „da man sich selbst gewisser integrirenden Theile als Organe beraubt" und die formale, „da man sich (auf immer oder auf einige Zeit) des Vermögens des physischen [...] Gebrauchs seiner Kräfte beraubt." (VI 421 (MST)) Die Selbstverstümmelung bezeichnet Kant später auch als „partialen Selbstmord" (Kant VI 423 (MST)).

[168] Die unpassende Klammersetzung – „gegen andere Menschen (Eheleute, [...] Mitbürger, [...] Gott, [...])" – steht im Original.

sich selbst, ob nämlich, wenn ich auch alle jene Rücksichten beiseite setze, der Mensch doch zur Erhaltung seines Lebens bloß durch seine Qualität als Person verbunden sei und hierin eine (und zwar strenge) Pflicht gegen sich selbst anerkennen müsse"[169], auch wenn es „ungereimt zu sein" scheine, „daß der Mensch sich selbst beleidigen" könne „(*volenti non fit iniuria*)".[170] Das habe den Stoiker dazu geführt, es als einen „Vorzug seiner (des Weisen) Persönlichkeit" anzusehen, „beliebig aus dem Leben (als aus einem Zimmer, das raucht), ungedrängt durch gegenwärtige oder besorgliche Übel, mit ruhiger Seele hinauszugehen;[171] weil er in demselben zu nichts mehr nutzen könne. – Aber eben dieser Muth, diese Seelenstärke, den Tod nicht zu fürchten und etwas zu kennen, was der Mensch noch höher schätzen kann als sein Leben, hätte ihm ein um noch so viel größerer Bewegungsgrund sein müssen, sich, ein Wesen von so großer, über die stärkste sinnliche Triebfedern gewalthabenden Obermacht, nicht zu zerstören, mithin sich des Lebens nicht zu berauben."[172]

Kants Urteil lautet: „Die Selbstentleibung ist ein Verbrechen (Mord)."[173] Zur Begründung führt er an:

„Der Persönlichkeit kann der Mensch sich nicht entäußern, so lange von Pflichten die Rede ist, folglich so lange er lebt, und es ist ein Widerspruch die Befugniß zu haben sich aller Verbindlichkeit zu entziehen, d. i. frei so zu handeln, als ob es zu dieser Handlung gar keiner Befugniß bedürfte. Das Subjekt der Sittlichkeit in seiner eigenen Person zernichten, ist eben so viel, als die Sittlichkeit selbst ihrer Existenz nach, so viel an ihm ist, aus der Welt zu vertilgen, welche doch Zweck an sich selbst ist; mithin über sich als bloßes Mittel zu ihm beliebigen Zweck zu disponieren, heißt die Menschheit in seiner Person (*homo noumenon*) abzuwürdigen, der doch der Mensch (*homo phaenomenon*) zur Erhaltung anvertrauet war."[174, 175]

---

[169] Kant VI 422 (MST)
[170] Kant VI 422 (MST)
[171] Vgl. Marc Aurel: „[...] dann scheide auch vom Leben, aber so, als ob du nichts Übles leidest. Es raucht, und ich gehe weg" (Marc Aurel: Wege zu sich selbst V 29).
[172] Kant VI 422 (MST)
[173] Kant VI 422 (MST)
[174] Kant VI 422f (MST)
[175] An anderer Stelle schreibt Kant, das „Laster" der „wohllüstigen Selbstschändung" scheine „der Form (der Gesinnung) nach selbst das des Selbstmordes noch zu übergehen [... wohl,] da die trotzige Wegwerfung seiner selbst im letzteren, als einer Lebenslast, wenigstens nicht eine weichliche Hingebung an thierische Reize ist, sondern Muth erfordert, wo immer noch Achtung für die Menschheit in seiner eigenen Person Platz findet" (Kant VI 424f (MST)).

Anschließend stellt Kant noch „Casuistische Fragen" – allerdings ohne Antworten folgen zu lassen:

- „Ist es Selbstmord, sich (wie Curtius[176]) in den gewissen Tod zu stürzen, um das Vaterland zu retten? – oder ist das vorsätzliche Märtyrertum, sich für das Heil des Menschengeschlechts überhaupt zum Opfer hinzugeben, auch wie jenes für Heldenthat anzusehen?"[177]

- „Ist es erlaubt dem ungerechten Todesurtheile seines Oberen durch Selbsttödtung [...] zuvor zu kommen? – selbst wenn dieser es (wie Nero dem Seneca[178]) erlaubte zu tun?"[179]

- „Kann man es einem unlängst verstorbenen Monarchen[180] zum verbrecherischen Vorhaben anrechnen, daß er ein behend wirkendes Gift bei sich führte, vermutlich damit, wenn er in dem Kriege, den er persönlich führte, gefangen würde, er nicht etwa genöthigt sei, Bedingungen der Auslösung einzugehn, die seinem Staate nachtheilig sein könnten [...]?"[181]

- Darf sich ein Mann, der sich an der Tollwut infiziert hat, keine Aussicht auf Heilung sieht, töten, um nicht „andere Menschen auch unglücklich" zu machen (anzustecken)?[182]

- „Wer sich die Pocken einimpfen zu lassen beschließt, wagt sein Leben aufs Ungewisse, ob er es zwar thut, um sein Leben zu erhalten [...]. Ist also die Pockeninoculation erlaubt?"[183]

---

[176] Curtius ist eine Gestalt der römischen Volkssage: „als sich [im Jahre 362] auf dem Forum ein tiefer Spalt bildete, besagte ein Orakel, er werde sich nur nach dem Opfer dessen, was Roms höchstes Gut sei, wieder schließen; C[urtius] deutete dies auf den Mut des Kriegers und stürzte sich bewaffnet auf seine[m] Pferd in den Spalt. Sein Opfertod hatte Erfolg." (Der Kleine Pauly 1979: 1, 1348; dort auch Quellenangaben)

[177] Kant VI 423 (MST)

[178] Bekanntlich wurde Seneca wegen seiner angeblichen Beteiligung an der Pisonischen Verschwörung von Nero zum Suizid gezwungen.

[179] Kant VI 423 (MST)

[180] Gemeint ist der 1786 verstorbene Friedrich der Große (vgl. auch Quellen bei Füllkrug 1919: 170; vgl. Crocker 1952: 48). Friedrich hat übrigens 1751 die Strafbarkeit der Selbsttötung aufheben lassen; nicht nur in dieser Frage stand er Denkern der französischen Aufklärung näher als den deutschen (vgl. Zimmermann-Acklin 1997: 46). Pufendorf, Thomasius und Wolff plädierten nämlich für eine Bestrafung des Suizids, Voltaire u.a. für eine Straffreiheit (vgl. Wacke 1990: 1618).

[181] Kant VI 423 (MST)

[182] Kant VI 423f (MST)

[183] Kant VI 424 (MST)

Zu der letzten Frage finden sich im Nachlass unter der Überschrift „Über die Pockennoth" einige fragmentarische Überlegungen[184], die allerdings zu keiner Entscheidung führen. Kant fragt dort, „ob diese Art sich in Gefahr des Todes (oder der Verstümelung) zu setzen nicht gäntzlich moralisch unzuläßig sey". Verallgemeinernd stellt er fest, dass „[i]n Todesgefahr zu gerathen [...] ein Übel (etwas physisch böses) [sei,] sich aber darin willkührlich zu begehen eine Pflichtverletzung (etwas moralisch Böses)" darstelle, man möge „sich nun sie vorsetzlich zuziehen oder sich auch nur hierin dem Zufall überlassen[,] denn die Maxime des Verhaltens in solchen Umstanden zieht dem hiebey gleichgültigen doch den Vorwurf des Selbstmordes zu."[185] Dabei kommt dieser Pflichtverletzung aber noch eine besondere Bedeutung zu, könne sie doch „durch kein Verdienst aufgewogen und getilgt werden", womit sie „auf gewisse Weise moralisch unsterblich" sei; gemeint ist offenbar der Fall, dass der Tod tatsächlich eintritt.[186]

2.7.5 Aus anderen Schriften

In seiner *Anthropologie* (1798)[187] stellt Kant die „nicht [...] moralische, sondern blos psychologische Frage", „[o]b Selbstmord auch Muth, oder immer nur Verzagtheit voraussetze".[188] Mut, Verzagen, „eine Art Heroism", Feigheit, „feige Verzweiflung aus Schwäche" oder „rüstige Verzweiflung" können gegeben sein.[189] Er kommt

---

[184] entstanden zwischen August 1799 und April 1800
[185] Kant XXII 303f (Nachlass)
[186] Er betont schließlich, dass die „zwey Bestimmungsgründe der Wahl", nämlich einerseits die „Klugheit im Beobachten meines Vortheils", andererseits „das Sittengesetz in Befolgung meiner Pflicht" das Entscheidende seien. (Kant XXII 303f (Nachlass)). Nach Hasse hielt Kant „von der *Schutz-Pocken-Impfung* gar nichts" (so Kant im Gespräch – Gründe werden leider nicht genannt; Immanuel Kant im Gespräch 527).
[187] *Anthropologie in pragmatischer Hinsicht abgefaßt*, 1798
[188] Kant VII 258 (Anthr.)
[189] „Wenn er verübt wird, blos um seine Ehre nicht zu überleben, also aus Zorn, so scheint er Muth; ist es aber die Erschöpfung der Geduld im Leiden durch Traurigkeit, welche alle Geduld langsam erschöpft, so ist es ein Verzagen. Es scheint dem Menschen eine Art von Heroism zu sein, dem Tode gerade ins Auge zu sehen und ihn nicht zu fürchten, wenn er das Leben nicht länger lieben kann. Wenn er aber, ob er gleich den Tod fürchtet, doch das Leben zu lieben auf jede Bedingung zu lieben immer nicht aufhören kann, und so eine Gemüthsverwirrung aus Angst vorhergehen muß, um zum Selbstmorde zu schreiten, so stirbt er aus Feigheit, weil er die Qualen des Lebens nicht länger ertragen kann." Vgl. dazu: „Die Art der Vollführung des Selbstmordes giebt den Unterschied der Gemüthstimmung gewissermaßen zu erkennen. Wenn das dazu gewählte Mittel plötzlich und ohne mögliche Rettung tödtend ist; wie z.B. der Pistolenschuß oder (wie es ein großer Monarch [vgl. Fußnote 180] auf den Fall, daß er in Gefangenschaft geriethe, im Kriege bei sich führte) ein geschärftes Sublimat, oder tiefes Wasser und mit Steinen angefüllte Taschen: so kann man dem Selbstmörder den Muth nicht streiten. Ist es aber der Strang, der noch von Anderen abgeschnitten, oder gemeines Gift, das durch den Arzt noch aus dem Körper geschafft, oder ein Schnitt in den Hals, der wieder zugenäht und geheilt wer-

zu dem Schluss, dass es „nicht immer blos verworfene, nichtswürdige Seelen [seien], die auf solche Weise die Last des Lebens loszuwerden beschließen; vielmehr hat man von solchen, die für wahre Ehre kein Gefühl haben, dergleichen That nicht leicht zu besorgen."[190] Unvermittelt fügt er hinzu, dass die Tat doch immer „gräßlich" bleibe, „und der Mensch sich selbst dadurch zum Scheusal" mache.[191]

Im Kapitel „Von den Gemüthskrankheiten"[192] des gleichen Werkes erwähnt er den Suizid ein weiteres Mal. Dort heißt es: „Der Selbstmord ist oft bloß die Wirkung von einem Raptus[193]. Denn der, welcher sich in der Heftigkeit des Affects die Gurgel abschneidet, läßt sich bald darauf geduldig sie wieder zunähen."[194] An anderer Stelle[195] nennt er ihn „die Wirkung eines bis zum Wahnsinn exaltirten Affects"; alle Menschen wünschten lange zu leben, so ein „Naturinstinct" des Menschen, schreibt Kant zuvor.[196]

---

den kann; der welchen Attentaten der Selbstmörder, wenn er noch gerettet wird, gemeiniglich selbst froh wird und es nie mehr versucht: so ist es feige Verzweiflung aus Schwäche, nicht rüstige, welche noch Stärke der Gemüthsfassung zu einer solchen That erfordert". (Kant VII 258f (Anthr.))

[190] Kant VII 259 (Anthr.)
[191] Kant VII 259 (Anthr.). Und weiter: „Indessen [...] ist es doch merkwürdig, daß in Zeitläufen der öffentlichen und für gesetzmäßig erklärten Ungerechtigkeit eines revolutionären Zustandes [...] ehrliebende Männer (z.B. Roland) der Hinrichtung nach dem Gesetz durch Selbstmord zuvorzukommen gesucht haben, den sie in einer constitutionellen selbst würden für verwerflich erklärt haben. Der Grund davon ist dieser. Es liegt in jeder Hinrichtung nach einem Gesetz etwas Beschimpfendes, weil sie Strafe ist, und wenn jene ungerecht ist, so kann der, welcher das Opfer des Gesetzes wird, diese nicht für eine verdiente anerkennen. Dieses aber beweiset er dadurch: daß, wenn er dem Tode einmal geweiht worden, er ihn nun lieber wie ein freier Mensch wählt und ihn sich selbst anthut. Daher auch Tyrannen (wie Nero [vgl. Fußnote 178]) es für eine Gunstbezeigung ausgaben, zu erlauben, daß der Verurtheilte sich selbst umbrächte: weil es dann mit mehr Ehre geschah. – – Die Moralität aber hievon verlange ich nicht zu vertheidigen." (Kant VII 259 (Anthr.))
[192] Kant VII 212 (Anthr.)
[193] „Noch diesseits der Gränze des gestörten Gemüths ist der plötzliche Wechsel der Launen (raptus)" (Kant VII 213 (Anthr.)).
[194] Kant VII 213 (Anthr.)
[195] in Der Streit der Facultäten, 1798
[196] Kant VII 99 (Streit): Kant ist hier der Ansicht, dass alle Menschen „lange zu leben und dabei gesund zu sein" wünschen; „aber der erstere Wunsch" habe den letzteren „nicht zur nothwendigen Bedingung: sondern er ist unbedingt. Laßt den Hospitalkranken Jahre lang auf seinem Lager leiden und darben und ihn oft wünschen hören, daß ihn der Tod je mehr je lieber von dieser Plage erlösen möge; glaubt ihm nicht, es ist nicht sein Ernst. Seine Vernunft sagt es ihm zwar vor, aber der Naturinstinct will es anders"; der „in wilder Entrüstung gefaßte Entschluß des Selbstmörders, seinem Leben ein Ende zu machen, macht hiervon keine Ausnahme: denn er ist die Wirkung eines bis zum Wahnsinn exaltirten Affects."

In seiner Religionsschrift[197] unterscheidet Kant den Suizid davon, den Verlust seines Lebens zu wagen und diesen zu erdulden: „Denn man darf zwar auf die Gefahr des Verlustes seines Lebens etwas wagen, oder auch den Tod von den Händen eines andern erdulden, wenn man ihm nicht ausweichen kann, ohne einer unnachlaßlichen Pflicht untreu zu werden, aber nicht über sich und sein Leben als Mittel, zu welchem Zweck es auch sei, disponiren und so Urheber seines Todes sein": den Tod zu suchen, „um eine gute Absicht durch ein Aufsehen erregendes Beispiel zu befördern [...] wäre Selbstmord."[198]

Dass niemand über sein Leben disponieren dürfe, stehe, betont dabei Kant, nicht im Widerspruch zur ‚Rechtmäßigkeit' der Todesstrafe: „Sophisterei und Rechtsverdrehung" sei es, zu behaupten, dass die Einwilligung in Gesetze, die die Todesstrafe androhen bzw. verhängen, eben des Verbotes wegen, über sein Leben nicht disponieren zu dürfen, unmöglich sei. Kant begründet dies folgendermaßen: „Wenn ich also ein Strafgesetz gegen mich als einen Verbrecher abfasse, so ist es in mir die reine rechtlich-gesetzgebende Vernunft (*homo noumenon*), die mich als einen des Verbrechens Fähigen, folglich als eine andere Person (*homo phaenomenon*) sammt allen übrigen in einem Bürgerverein dem Strafgesetze unterwirft. [...] Der Hauptpunkt des Irrthums [...] besteht darin: daß man das eigene Urtheil des Verbrechers [...], des Lebens verlustig werden zu müssen, für einen Beschluß des Willens ansieht, es sich selbst zu nehmen, und so sich die Rechtsvollziehung mit der Rechtsbeurtheilung in einer und derselben Person vereinigt vorstellt."[199] Auf Kants Ausführungen zu diesem Thema kann hier nicht weiter eingegangen werden.[200]

---

[197] *Die Religion innerhalb der Grenzen der bloßen Vernunft*, 1793

[198] Kant VI 81 (Religion)

[199] Kant VI 335 (MSR)

[200] Zum Schluss dieses Kapitels noch eine biographische Anmerkung zu Kant: Im Gespräch soll Kant den Suizid ebenfalls als unmoralisch zurückgewiesen haben. So habe er gesagt, die Selbsttötung sei meist eine Folge von Mutlosigkeit: „Ueberhaupt konnte er Muthlosigkeit am wenigsten leiden, daher ihm denn auch der Selbstmord so zuwider war, den er meistens als eine Folge davon ansah. Einem Selbstmörder meinte er, dürfte man nur dreist ins Gesicht speien; verächtlicher und nichtswürdiger sei so leicht nicht jemand. Sein Gefühl innerer Stärke verführte ihn zu [...] solchen Urtheilen" (Immanuel Kant in Rede und Gespräch 474f (Anonym, Ende 90er Jahre)). Nach den gleichen Aufzeichnungen soll Kant, glaubt man den Notizen, die der Gesprächspartner gemacht hat, gegen Ende seines Lebens Todeswünsche geäußert haben. So wird berichtet, Kant soll (wohl in den 90er Jahren) zuweilen in Anbetracht schweren Druckes im Kopf, unter dem er litt, gesagt haben, dass er „keine Nacht zu Bette ginge, ohne zu wünschen, es möge mit ihm enden" (Immanuel Kant in Rede und Gespräch 474f); auch Hasse berichtet, dass Kant sich als Greis in den letzten Jahren seines Lebens oft „sehnlichst den Tod" wünschte; doch halte er, Kant, es für unmoralisch, sich das Leben zu nehmen, die Kraft dazu habe er noch: „Ich bin, fuhr er dann fort zu sagen, kein *Poltron*; ich habe noch so viel Kraft, mir das Leben zu nehmen, aber ich halte es für unmoralisch. *Wer sich selbst entleibt, ist ein Aas,*

3 Auswertung

Im folgenden sollen zuerst die vorangegangenen Darstellungen zusammengefasst und kurz kommentiert werden. Eine Auseinandersetzung mit den Argumenten für ein moralisches Verbot des Suizids wird dabei i. w. zunächst ausgespart und nach einer (vorläufigen) Systematisierung dieser bzw. solcher Argumente in Kap. 3.2 erfolgen.

3.1 Kommentierende Zusammenfassung

Platon[201] beschäftigt sich in seinen Werken nicht ausführlich mit dem Thema des Selbsttötung; seine Haltung zu diesem Problem bleibt dabei durchaus etwas zwiespältig. Seine Überlegungen knüpfen an das orphische und pythagoräische Suizidverbot an; das Argument, dass der Mensch gleich einem Wachposten nicht ohne Erlaubnis gehen dürfe, könnte aus der Orphik stammen[202], aber auch noch älter sein[203]. Lembach merkt an, dass „Platons theonome Argumentation [...] die Entscheidungsgewalt über das individuelle Leben in die Hand der Götter" lege; diese „Auffassung vom Menschen als einem ‚Sklaven' und ‚Wachposten' denotiert ein klares Machtgefälle, das aufzuheben durch den nichtgebotenen Suizid Frevel bedeutet."[204] Dieses und das ebenfalls von Platon geäußerte Argument, dass das Leben des Menschen den Göttern gehöre, werden später oft aufgegriffen. Doch ist Platon sich in seiner Verurteilung offenbar nicht ganz sicher[205]; so formuliert er nur sehr vorsichtig („[...] wäre es also wohl nicht unvernünftig [...]"[16]) und spricht von von Gott verfügten Notwendigkeiten, wie im Falle von Sokrates. Es liegt damit nahe, die Fälle, in denen nach Platons *Gesetzen* der Suizid erlaubt ist, als eben solche gottgeschickte Notwendigkeiten zu interpretieren. Dann wäre, so könnte man jedenfalls interpretieren, die Selbsttötung „als Vollstreckung des von den Göttern verhängten Schicksals [...] gerechtfertigt bei unabänderlichen Trieben [sofern man das Beispiel des von ei-

---

das sich selbst auf den Anger wirft." (Immanuel Kant in Rede und Gespräch 553 (Hasse, 1802-1803))

[201] Zum Thema des Suizides in der Antike vgl. Hooff 1990, Hooff 2005, Hofmann 2007, Geiger 1888, Cooper 1999, Cooper 1989, White 2006, Warren 2001, Thiel 2001, Miles 2001, Frey 1978, Frey 1980, Evenepoel 2004, Garrison 1991, Seidler 1983, Englert 1994, Eckert 1952, Novak 1975.

[202] Schöpf 1958: 38

[203] Lenzen 1987: 161

[204] Lembach 1997: 87

[205] Es wäre sogar zu fragen, ob Platon nicht lediglich andere Meinungen referiert, vgl. dazu Brandt 2010: 48.

nem „Wahnsinnsstachel"[18] getriebenen Tempelräubers verallgemeinert], bei staatlichem Rechtsspruch, bei schmerzlichem, unentgeltbarem Schicksal und unheilbarer, das Leben unerträglich machender Schmach."[206] Zu fragen ist dann aber, ob diese Liste der Ausnahmen als vollständig angesehen werden kann. Szittya beispielsweise interpretiert, dass „ohne Erlaubnis der Götter" „nur heißen [solle], daß die Seele schon trifftige Gründe haben müsse, die sie den Tod dem Leben vorziehen lasse."[207]

Dass das Leben an sich jedenfalls keinen absoluten Wert darstellt, wird auch durch den *Gorgias*-Text bestätigt: moralisch gut zu leben wird höher geschätzt als lange zu leben.

Ausdrücklich verboten bleibt der Suizid, wenn „Schlaffheit"[17] und „Feigheit"[17] dazu treiben. Diese, in Mythologie und Literatur fehlende (oder nur seltene?) Verbindung von Feigheit mit der Selbsttötung[208] wird ebenfalls häufig wiederholt werden. Gleiches gilt für die (Forderung nach) unehrenhafter Bestattung, welche bekanntlich lange Zeit geltendes Recht war.[209]

Interessanterweise „[b]lieben die platonischen Einschränkungen des Selbsttötungsverbots in den ‚Nomoi' rezeptions- und wirkungsgeschichtlich weitgehend unbeachtet," stattdessen „prägten Beweisführung und Metaphorik des ‚Phaidon' die theonome, die gesamte christliche Verurteilung der Selbsttötung."[210]

Bei **Aristoteles** wird das Urteil wesentlich deutlicher. Er bezeichnet den Suizid als feige, schwach bzw. unvernünftig und hält ihn für ein Unrecht. Und zwar ein Unrecht gegen das Gemeinwesen. Ausnahmen nennt Aristoteles, anders als Plato in den *Gesetzen* nicht.[211] Hieraus ist aber eine Verurteilung des Suizids bei unheilbarer Krankheit nicht ableitbar[212], vielmehr zeigt er ja in der *Eudemischen Ethik* ein gewisses Verständnis. Die Erlaubtheit in diesem Fall scheint um so wahrscheinlicher, wenn man bedenkt, dass der Suizid ja nach Aristoteles' Argumentation „ein

---

[206] Lenzen 1987: 159
[207] Szittya 1925: 2
[208] Vgl. Paulys Realenzyklopädie 1923: 1134.
[209] Vgl. Geiger 1889, Geiger 1891, Bernstein 1907, Lenzen 1987, Baumann 2001.
[210] Lenzen 1987: 154. Zu fragen wäre, ob eine Entwicklung oder Änderung der Gedanken Platons zum Thema der Selbsttötung angenommen werden muss. Willamowitz-Moellendorff bspw. sieht in Hinblick auf die *Gesetze* und den *Phaidon* eine Meinungsänderung Platons (vgl. Schöpf 1958: 39). Auf dieses Problem kann hier aber nicht weiter eingegangen werden.
[211] Vgl. Schöpf 1958: 40.
[212] Vgl. Schöpf 1958: 41, Lenzen 1987: 153, 173f.

Akt gesellschaftlicher Verantwortungslosigkeit"[213] ist – oder zu sein scheint. Ginge es Aristoteles nur um „den gesellschaftlichen Nutzen und Schaden durch den Selbstmord" müsste sogar gefolgert werden, dass „jeder Selbstmord, der der Gesellschaft Belastungen erspart [...] nicht nur als schuldlos, sondern sogar als löblich gelten müßte" (Hume).[214] Birnbacher schlägt daher vor, dass es Aristoteles nicht um ein Kosten-Nutzen-Kalkül, sondern „um die Sicherung des staatlichen Herrschaftsanspruchs über das Individuum" ging. „Das Anstößige am Selbstmord für den Kollektivisten (wie man ihn nennen könnte) ist nicht, daß der Selbstmörder dem Staat Nutzen, sondern daß er ihm Macht entzieht. Er verletzt den Herrschaftsanspruch des Staates noch schwerer als der Verbrecher, da er ihm sogar noch die Möglichkeit zur Vergeltung nimmt."[215] So gesehen ist diese Argumentation das „genaue säkulare Gegenstück"[216] zum (theologischen) Argument der Unverfügbarkeit des Lebens, wie man es bei Platon, Augustinus oder Thomas findet.

Interessant ist auch die Behauptung, dass dem Tugendhaften „sein Sein ein Gut"[31] sei; dabei geht es um den denkenden Teil, der das eigentliche Selbst sei.

Schließlich ist die Ausnahme, dass in bestimmten Fällen, Aristoteles nennt den Krieg, der eigene Tod in Kauf genommen werden muss, üblich.

Eine ausführlichere Diskussion der Haltung gegenüber der Selbsttötung sollte auch das Thema der Euthanasie berücksichtigen. Aristoteles wie auch Platon sprechen sich durchaus für sie aus, was natürlich bezüglich des Wertes des Lebens usw. Fragen aufwirft.

Schließlich wäre ein einordnender Blick auf andere Philosophen der Zeit sowie auf die griechische Mythologie und Literatur sinnvoll.

Besonders die den Suizid verurteilenden Teile der Ausführungen von Platon und Aristoteles „gingen in den traditionellen theologischen Diskurs ein, während dieser

---

[213] Alvarez 1974: 72

[214] Birnbacher 1990: 405, sich auf Hume beziehend (vgl. Text zu Fußnote 112); Alvarez, der davon ausgeht, dass es Aristoteles um den „wirtschaftlich" „nützlichen Bürger" geht, gibt zu bedenken: „Die Auffassung ist [...] merkwürdig unerheblich für den Akt des Selbstmords selbst, kaum ein Argument, meine ich, das auf den Seelenzustand eines Menschen, der im Begriff ist, sich das Leben zu nehmen, eine Wirkung ausüben könnte." (Alvarez 1974: 72) Allerdings kann ‚Wirksamkeit' kein Argument für oder gegen die Richtigkeit eines moralischen Urteils bzw. deren Begründung sein.

[215] Birnbacher 1990: 405

[216] Birnbacher 1990: 405

wiederum über die Kirche als sein macht-volles Medium alle späteren Philosophen bis in die Moderne hinein [...] stark beeinflusste".[217]

Seneca[218] und die Stoiker überhaupt zeigen eine große Gelassenheit in Bezug auf Leben und Tod. Das Leben an sich sei kein Gut, sondern nur das sittliches Leben. In Not zu leben, ist nicht nötig, das Leben hält niemanden fest („gefällt dir's nicht, so kannst du wieder hingehen, woher du gekommen"[46]). Die Stoa erkennt bei unheilbarer Krankheit, Verstümmelung und überwältigendem Schmerz ein Recht und bisweilen sogar eine Pflicht zum selbstverfügtem Lebensende an[219], so fordert Seneca zum Beispiel, den Tod der Knechtschaft vorzuziehen. Wichtig ist aber, dass neben dem Recht auf Freitod auch die Maxime des Standhaltens, Ertragens steht. Der Mensch solle Herr über seinen Tod sein, aber nicht sofort in den Tod fliehen.[220] Senecas positives Urteil über die Selbsttötung lässt sich also sicher nicht auf den Großteil der tatsächlich vorkommenden Suizide beziehen.[221]

Es fällt auf, dass der „Tod eine höchst individuelle Angelegenheit"[222] wird; und dass „die den Selbstmord rechtfertigenden Bedingungen [...] ins Innere des Menschen verlegt" wurden (im Gegensatz zu Platon und Aristoteles).[223]

Augustinus[224] bemerkt zu den Donatisten[225], „sich zu Ehren des Märtyrertums zu töten" sei „ihr täglicher Zeitvertreib".[226] Wohl auch mit Blick auf diese „Selbstmordmanie"[227] und der Todessehnsucht vieler Frühchristen[228], wird der Suizid für

---

[217] Lembach 1997: 95
[218] Daffner bezeichnet ihn als den „eigentliche[n] Philosoph[en] des Selbstmords" (Daffner 1928: 100). Geiger 1888: 3 nennt ihn einen „Selbstmordapostel".
[219] Lenzen 1987: 153
[220] Bei den Stoikern bestätigt die Freitodidee „ihre Freiheit", „die Ausübung des Rechts [wird aber] keineswegs genrell, geschweige denn leichtfertig oder unbesehen empfohlen" (Hoheisel 2001: 444).
[221] Zu recht schreibt Weichbrodt, dass es „ein weit verbreiteter Irrtum" sei, „daß Seneca ohne weiteres für die Berechtigung" der Selbsttötung eingetreten sei (Weichbrodt 1937: 29).
[222] Lenzen 1987: 178
[223] Alvarez 1974: 74
[224] Für das Thema Suizid bei Augustinus s. auch Zeddies 1994, Blásquez 1995.
[225] Die Donatisten sind eine Gruppe „von Lebensabscheu und von der Sehnsucht nach dem Martyrium besessen[er] Christen" (Gibbon nach Alvarez 1974: 81).
[226] nach Alvarez 1974: 82
[227] Alvarez 1974: 82
[228] Zum Thema des Märtyrertums bei den frühen Christen vgl. z.B. Droge/Tabor 1992, Butterweck 1995.

Augustinus (und zuvor in abgeschwächter Form für andere Kirchenväter[229]) zur schweren Todsünde, die er mit scharfen Worten verurteilt. Schmerzen, eigene Sünden, bevorstehende Qualen rechtfertigen eine Selbsttötung nicht. „Er war der erste, der das Selbstmordverbot zum absoluten Wert erhob.“[230] Der vielleicht „historische bedeutsamste Moralist des Selbstmords“[231] spricht in seinem *Gottesstaat* über dieses Thema aber in erster Linie als Theologe, da er sich hauptsächlich auf das fünfte Gebot als eine göttliche Offenbarung beruft. Es handelt sich also nicht um ein im eigentlichen Sinne ethisches Argument.

Dabei war es zudem nicht ausreichend, das Gebot zu zitieren; „er interpretiert es, und seine Interpretation ist, wie zahlreiche spätere Autoren gesehen haben, durchaus fragwürdig.“[232] Zur Kritik seiner Argumentation siehe Kap. 3.2.1.[233]

Während Augustinus' Argumentation mit Hilfe des fünften Gebots für Nichtchristen irrelevant ist und auch immanent sehr angreifbar ist, ist seine Bemerkung, eine Entscheidung für das Nichtsein könne gar keine Entscheidung genannt werden,[79, 80] da der Gegenstand der Wahl nicht existiere, interessant.

Weiterhin darf nicht vergessen werden, dass Augustinus, bei aller Strenge des Urteils, eine „Hintertür der Legitimation“ offen gelassen hat: ein Zeichen des Heiligen Geistes.[234]

---

[229] Die frühen Christen und Kirchenväter und -schriftsteller waren sich über die Beurteilung des Suizids uneins: Lactantius verurteilte ihn scharf, Eusebius von Caesarea, Johannes Chrysostomos und Ambrosius dagegen „schließen die Erlaubtheit der Selbsttötung [...] nicht ganz aus, wenn dadurch einer besonderen Gefahr entgangen werden kann, etwa einer Vergewaltigung, oder wenn die Selbsttötung als Eingebung Gottes zu betrachten ist“ (Kom. in Bonhoeffer 1992: 197; dort auch Quellenangaben). Zu den Kirchenvätern vgl. auch Blásquez 1985: 207f.

[230] Fletcher 1976: 237. Augustinus ist wohl der „erste Kirchenvater, der eine radikale Stellung wider den Selbstmord bezieht“ (Thielicke 1986: 280).

[231] Birnbacher 1990: 396; historische Wirkung und Qualität der Argumentation entsprechen einander allerdings nicht unbedingt.

[232] Birnbacher 1990: 396. Vgl. Kettner/Gerisch 2004: 45: „Augustinus' auf einer falschen etymologischen Ausdeutung des Wortes homicidum beruhende Verachtungstheorie steht auf so schwachen Füßen, dass man die *eigentlichen* Gründe der seit Augustinus einhelligen christlichen Verurteilung der Selbsttötung gewiss anderswo zu suchen hat.“

[233] Im Übrigen erstaunt es, wie Kamlah schreibt, dass Augustinus „mit Ausnahmen für das Verbot der Menschentötung so großzügig, wie es die ganze Antike war und wie es das christliche Abendland nach ihm geblieben ist“, sich „seine Großzügigkeit [jedoch] nicht auf die Selbsttötung“ erstreckt (Kamlah 1976: 18).

[234] Thiel 2007: 270. „[B]ei Bonhoeffer kann das Motiv des Opfers für andere die Selbsttötung als ernstzunehmende Option erscheinen lassen und bei Barth wiederum erlaubt das direkte Wort Gottes in Einzelfällen, sein Leben dahinzugeben.“ (Thiel 2007: 270) Der sehr weitgehenden Interpretation Bormuths ist allerdings nicht zuzustimmen: „Damit ist die grundsätzliche Aussage verknüpft, dass der einzelne Mensch mehr seinem Gewissen vor Gott als dem gesellschaftli-

Augustinus Verurteilung der Selbsttötung hat sich bekanntlich innerhalb der Kirche durchgesetzt und „die Einstellungen des Abendlandes jahrhundertelang, bis in unsere Tage hinein, entscheidend geprägt."[235]

Noch erwähnt werden sollte, dass Augustinus in seiner Schrift *Der freie Wille* weniger streng ist. Zwar bleibt die Ablehnung des Suizids bestehen. Augustinus argumentiert hier aber nicht moralisch: Die Selbsttötung wird als Irrtum interpretiert, als „Ergebnis einer falschen Wertung, als Irrtum, der im Nichts einen höheren Wert sieht als im Elend."[236]

Weiter ist zu ergänzen, dass Augustinus die These der Schwäche oder Feigheit des Suizidenten tradiert.

Thomas von Aquin[237] wiederholt und verstärkt das augustinische und mittlerweile[238] christliche Suizidverbot. Er systematisiert und erweitert dessen Argumentation,[239] indem er behauptet, der Suizid sei ein dreifaches Verbrechen: gegen sich selbst, gegen die Gesellschaft und gegen Gott. Der Suizid sei unnatürlich, gegen die Selbstliebe, das von Gott eingeschriebene Naturgesetz[240], der Mensch gehöre der

---

chen Urteil gehorchen soll. Ohne Frage, Augustins Sätze suspendieren grundsätzlich das Urteil der Gemeinschaft und räumen dem Individuum ein, letzte Gewissensfragen alleine mit Gott klären zu können." (Bormuth 2008: 27)

[235] Birnbacher 1990: 396, vgl. Christ-Friedrich 2001: 447, Honecker 2004: 1856, Brandt 2010: 104. Vgl. auch: „Er war der erste, der das Selbstmordverbot zum absoluten Wert erhob. Von keinem der späteren Moralisten, die sich gegen den Selbstmord aussprachen, wurde er übertroffen; selbst *Thomas von Aquin* fügte lediglich hinzu", dass der Selbstmord unnatürlich sei. (Fletcher 1976: 237) „Mit seiner drastischen Verurteilung hat Augustinus die weitere Haltung der Kirche zum Suizid geprägt. Sie zieht sich unverrückbar durch das Mittelalter und wurde im 13. Jahrhundert durch die großen scholastischen Theologen, allen voran durch Thomas von Aquin, ausdrücklich bestätigt." (Stoecker 2006: 6). „[W]as er im ‚Gottesstaat' gegen den Selbstmord sage, ist eindeutig und auch heute noch für die katholische Kirche maßgebend." (Weichbrodt 1937: 41)

[236] Kom. in Augustinus: Der freie Wille 231; der Suizident sehne sich nach Ruhe, Ruhe aber sei ein höheres Sein als Unruhe und Elendsein; das Nichtsein oder das Nichts aber weniger.

[237] Zum Thema Selbsttötung und Christentum vgl. Novak 1975, Biet 1990, Holderegger 1979, Mösgen 1999.

[238] Als für das Thema wichtige Konzilien sind v.a. zu nennen: 452 Arles, 533 Orléans, 562/3 Braga, 693 Toledo. S. Zeddies 1994, Blásquez 1985, Geiger 1889, Lind 1999.

[239] Bláquez 1985: 205

[240] Dabei ist zu beachten, dass das „Naturgesetz als sittliche und rechtliche Norm [...] nicht einfach eine bestimmte Zielordnung unserer Triebe und Neigungen" ist, vielmehr ist die Naturneigung „zugleich Bewußtseinsneigung, eine naturhafte Forderung unserer Vernunft und damit naturhaft in uns vorgegeben, also ein uns vom Schöpfer eingeschriebenes G e s e t z" – womit ein Verstoß auch zur Sünde wird (Kom. in: Thomas von Aquin: Summa 482).

Gemeinschaft[241] und schließlich verstoße er gegen das biblische / göttliche Tötungsverbot: das Leben als Geschenk Gottes bleibt in dessen Hand. Die Argumente der
Sünde gegen Gott bzw. gegen die Gesellschaft finden sich in ähnlicher Weise schon
bei Platon und Aristoteles.

Es geht bei der Beurteilung des Suizids aber nur um die eigenmächtige Zerstörung des eigenen Lebens: „ob ein gerecht zum Tode Verurteilter auf Geheiß des
Richters das Todesurteil an sich selbst vollstrecken dürfe oder ob er sich dieser Aufforderung widersetzen müsse" bleibt (zumindest hier) offen[242].

Thomas' Auffassung, sein „klassische[s] Nein'"[243], „entwickelt sich dann zu einem Gemeinplatz, den zu zitieren bis heute für alle katholischen Moraltheologen
verpflichtend ist."[244] „Die Trias seiner Argumente [...] blieb über Jahrhunderte, sei es
positiv oder sei es ex negativo, bestimmend für die Auseinandersetzung mit dem
Suizid."[245] Man vergleiche zum Beispiel die Argumentation im Katholischen Katechismus[246] oder bei Hume.

Wenig überraschend ist, dass das Wort *Selbstmord* im christlichen Umfeld entstanden ist.[247]

Lembach fasst die Argumente Thomas' und anderer christlicher Denker zusammen: „Zwar mögen sich die Argumentationsweisen der Autoren unterscheiden,
doch steuern sie alle dasselbe Ziel an: Wer sich ‚ohne guten Grund' – das bedeutet:
ohne göttliche Weisung – das Leben nimmt, macht sich der ‚Selbstrechtfertigung',
der Souveränitätsanmaßung, der frevelnden ‚Selbstverherrlichung', d.h.: der Hybris
schuldig."[248]

---

[241] Kettner/Gerisch 2004: 59 sprechen von der „Sozialpflichtigkeit des eigenen Lebens".
[242] Kom. in: Thomas von Aquin: Summa 481f
[243] Christ-Friedrich 2001: 448
[244] Bláquez 1985: 205, vgl. Thiel 2007: 270, Honecker 2004: 1856
[245] Bauer 2004: 46. „Die thomasischen Argumente ergeben einen basso continuo der Ächtung des
Suizids." (Kettner/Gerisch 2004: 55). Fletcher formuliert es etwas weniger zurückhaltend und
spricht von der „Barbarei einer unterschiedslosen Verurteilung aller Selbstmorde" im christlichen Europa (Fletcher 1976: 237).
[246] Vgl. z.B. den Katechismus 1997/2017, Erwachsenenkatechismus 1995/2017 und den Katechismus (Kompendium) 2005/2017. Vgl. dazu aber auch z. B. den Evangelischen Erwachsenenkatechismus von 1982, Barth 1951/1957 oder Bonhoeffer 1992.
[247] Zur Geschichte des Wortes vgl. Ostwald 2017.
[248] Lembach 1997: 67

Hume[249] löst sich vom bisherigen christlichen Standpunkt in einem eigens zum Thema verfassten Essay, in dem er systematisch die Verbotsargumente zu widerlegen sucht. Er sieht im Suizid keine Pflichtverletzung, weder gegen Gott, den Nächsten, noch gegen sich selbst, vorliegen. Der Mensch soll die freie Verfügungsgewalt über sein Leben haben – und diese Macht zur Selbsttötung sei sogar ein Vorzug vor den Göttern. Nicht selten wird Hume als „Apologet[]" des Selbstmordes"[250] bezeichnet.

Humes Argumentation ist aber überraschend schwach. Bezüglich der Pflichten gegen Gott behandelt er nur die Frage der Vorsehung und lediglich in einer Fußnote geht er auf das fünfte Gebot ein – welches er, wie das ganze Gesetz Mose, als abgeschafft ansieht. Dass der Gesellschaft kein Schaden zugefügt werde, behauptet er zwar, begründet es aber nicht. Auch rechtfertigt er seine Aufrechnung von kleinem Gut (für die Gesellschaft) und großes Übel (für die Person) nicht.

Schließlich geht er auf die Pflicht gegen sich selbst nahezu nicht ein, er statuiert lediglich, dass Suizid oft mit der Pflicht vereinbar sei, dass es „Alter, Krankheit oder Unglück"[112] gebe, die das Leben schlimmer als seine Vernichtung machen können, es lebensunwert werden lassen. Der Behauptung, „noch niemand [habe] das Leben weggeworfen [...], als es noch lebenswert war"[113], dürfte jeder, der sich mit der Psychologie der Selbsttötung befasst hat, widersprechen.

Schopenhauers Urteil, Humes Schrift über den Suizid sei eine „rein philosophische, mit kalter Vernunft die gangbaren Gründe gegen den Selbstmord widerlegende"[251] ist nicht nachvollziehbar.[252]

Nichtsdestotrotz „besitzt [...] Hume [...] für die Befürworter des Suizides" „[e]ine ähnlich grundlegende Bedeutung, wie sie Thomas von Aquin für Gegner des

---

[249] Zum Thema Suizid bei Hume vgl. Fenner 2005, Streminger 2010, Beauchamp 1976, Beauchamp 1978, Sprott 1961.

[250] Szittya 1925: 11, ähnlich Horstmann 2015: 16, Schreiner 2003: 134

[251] Schopenhauer: Sämtl. Werke (Hübscher-Ausgabe) VI 328 (Zusatz aus dem Nachlass zu PP II)

[252] Vielmehr ließe sich sagen: „Indes sind die von *Hume* angeführten ‚Gründe' seltsam sophistischer Art." (Siegmund 1961: 40) Damit stellt sich weiter die Frage, worauf dies beruht: „Solcher Sophismus ist nur möglich, wenn eine vorgefaßte Tendenz das klare Urteil vernebelt." (Siegmund 1961: 41) – Das sehr positive Urteil, „Humes Verdienst ist es, die Suiziddebatte von allen Vorurteilen und autoritären Pauschalverdammungen gereinigt zu haben" und dadurch „Raum für ein nüchternes, rationales Abwägen der Argumente pro und kontra" geschaffen zu haben (Fenner 2005: 13), muss man nicht teilen: Hume widerlegt wenig, geht gleichzeitig in seinem Freispruch für den Suizid zu weit – das aber ist eine Tendenz, die bei den ‚Verteidigern' immer wieder zu beobachten ist.

Suizides hat"[253]: „Den klassischen Gnadenstoß erhielt das moralische Selbstmordverbot mit *David Humes* Essay"[254] – lautet ein häufiges Urteil, als „[d]as herausra-
gende Werk dieser Epoche" wird seine Schrift bezeichnet.[255]

Unabhängig von der argumentativen Qualität des Essays muss man ergänzen,
dass Hume keineswegs der erste war, der sich kritisch mit der den Suizid verurteilenden christlichen Tradition auseinandergesetzt hat. Als Beispiele können genannt
werden: Charron 1601, Duvergier de Hauranne[256] 1609, Donne[257] 1611, Robeck

---

[253] Mösgen 1999: 48. Vgl.: „Humes Argumente bilden den Kontrapunkt der Achtung und Anerken-
nung des Suizids." (Kettner/Gerisch 2004: 55), vgl. weiter z.B. Horstmann 2015: 16, der Humes Essay den „unstrittigsten Klassiker der Selbstmordapologie" (Horstmann 2015: 16) nennt,
Schreiner 2003: 134 spricht vom „einflußreichsten englischen Ansatz zu einer ‚Apologie' des
Selbstmords", außerdem Löwith 1969/1981: 424, Schumacher 2000: 4 („Geschichte gemacht
hat [...] der Essay David Humes [...] über den Suizid") oder auch Willemsem: „Die wichtigste
philosophische Vorarbeit für die Selbstmorddiskussion dieser Jahrhundertwende leistete David
Hume mit seiner bahnbrechenden und rasch verbotenen Schrift ‚Über Selbstmord'" (Willemsen
2007: 402, vgl. Willemsen 1986: 25).

[254] Fletcher 1976: 238

[255] Stoecker 2006: 7. Vgl. auch Szittya, der meint, Humes Essay enthalte „alle Argumente, die
überhaupt für die Erlaubtheit des Selbstmordes geltend gemacht werden können." (Szittya
1925: 11) Ein ebenso positives Urteil findet sich bei Horstmann: „Allerdings ist es erst die eng-
lische, genauer gesagt die schottische Variante der Aufklärung, d.h. der Empirismus, der dem
chistlichen Selbstmordverbot den Todesstoß versetzt. David Humes immens folgen- und
einflußreicher Traktat On Suicide nimmt die für viele Generationen definitive und ‚wasserdich-
te' Argumentation des Thomas von Aquin so unausgestrengt und nahezu emotionsfrei auseinander, daß kein ernstzunehmender Kern mehr übrigbleibt." (Horstmann 2015: 16)

[256] „Im Gebot, nicht zu töten, das Gott uns gegeben hat, ist sowohl der Mord an sich selbst wie der
am Nächsten einbezogen. Deshalb wurde es ohne irgendeine Modifikation in so allgemeine
Worte gefaßt, um darunter jede Art Menschenmord zu begreifen. Nun ereignen sich aber, unge-
achtet dieses Verbots und ohne daß dagegen verstoßen wird, Umstände, die dem Menschen das
Recht und die Macht geben, seinen Nächsten zu töten. Es können also auch solche eintreten,
die ihm die Ermächtigung erteilen, sich selbst zu töten, ohne daß er das Gebot selbst verletzte."
(Duvergier, zit. nach Löwith 1962/1981: 405)

[257] Donne war u.a. Dekan der St. Paul's Kathedrale in London; er ist weniger für sein im Folgenden genanntes Werk bekannt als für seine Dichtungen. Donnes posthum (erschienen etwa
1646/1647, entstanden um 1608) erschienenes Werk *Biathanatos* (*BIAΘANATOΣ. A Declaration of that Paradoxe, or Thesis, that Selfe-homicide is not so naturally Sinne, that it may never
be otherwise. Wherein The Nature, and the extent of all those Lawes, which seeme to be viola-
ted by this Act, are diligently Surueyd.* (– „BIAΘANATOΣ" bedeutet svw. *gewaltsamer Tod*.)),
in dem er sich ausführlich mit dem Suizid beschäftigt und insbesondere nach rechtfertigenden
Gründen fragt und viel Verständnis zeigt, ist ein Klassiker zum Thema. Seine Gliederung lehnt
sich an die drei Argumente Thomas von Aquins an: Donne betrachtet zunächst naturrechtliche
Fragen, dann das positive Recht, schließlich das göttliche. Wie es im Falle des Mordes durchaus Ausnahmen vom biblischen Tötungsverbot gebe, solle es auch solche für die Selbsttötung
geben. Besonders gern erwähnt wird in der Literatur Donnes These, Jesus habe sich selbst getötet (vgl. z.B. Alvarez 1974: 1974: 63, Fletcher 1976: 233, Lenzen 1987: 132; häufig wird leider

1736, aber auch Montaigne[258] oder Montesquieu[259]. Auf diese und zahlreiche weitere Denker vor und im Anschluss nach Hume kann hier aber nicht weiter eingegangen werden.

Für die deutsche Philosophie gilt allerdings, dass keiner der genannten Autoren einen größeren Einfluss hatte:

„Unter den deutschen Philosophen und Popularphilosophen des 18. Jahrhunderts herrschte oppositionelle Einigkeit in der Frage des Selbstmords: Die eigene Tötung als eine unter bestimmten Voraussetzungen als moralisch gerechtfertigt und erlaubt zu betrachtende Handlung hatte in ihren Systemen und Gedankengebäuden keinen Platz und wurde – von wenigen Ausnahmen abgesehen – einheitlich verworfen."[260]

---

nur diese Überlegung genannt; eine deutsche Übersetzung ist bislang nicht erschienen).

[258] Montaigne hat sich kritisch mit dem Suizid auseinandergesetzt (s. v.a. Montaigne: Essais Bd. I 685-718 (= II. Buch, 3. Hauptstück), außerdem II 389-398, 584f, 826). In seinen Essays finden sich an mehreren Stellen Überlegungen dazu; insbesondere referiert er einander widersprechende Haltungen i.w. der griechischen und römischen Antike, aber auch anderer Kulturen. Die persönliche Haltung Montaignes ist nur schwer auszumachen (mit nicht so eindeutigen Urteilen, wie sie in der Literatur oft genannt werden). „Der freywilligste Tod ist der allerschönste": Mit diesem gut zitierbaren Satz fasst Montaigne durchaus nicht seine eigenen, sondern stoische Ansichten zusammen (Montaigne: Essais I 688). Vielmehr, schreibt Friedrich 1993, teile Montaigne die stoische Haltung „der voluntativen Todesbeherrschung" (254) nicht; er lehne den Suizid ab: nicht etwa aus christlicher Überzeugung, sondern weil „die im Selbstmord implizierte Lebensschmähung [...] der Lebensfügsamkeit Montaignes zuwider[läuft], die im Grunde eins ist mit seiner Todesfügsamkeit. Nicht weil das Leben ein hoher Wert wäre, [...] sondern weil es eine Gegebenheit ist, ziemt seine Bewahrung." Montaigne „liebt das Sterbliche und verschließt sich, liebend, seiner Sterblichkeit nicht. Nie wird er krank am Tod." (255) „Gehorsam: dem Tod gegenüber, wenn er kommt, dem Leben gegenüber, solange es lebt", dieser Auffassung ist Montaigne „treu geblieben und hat über den Freitod nie mehr anders gedacht" (256) „Das Verfügen über den Tod" ist für Montaigne „Vorwitz und Aufruhr, Verrat der Macht an der ‚Transzendenz', nämlich am undeutbaren Gefügtsein." (257).

[259] Montesquieu wendet sich gegen eine Verurteilung der Selbsttötung, insbesondere gegen entsprechende Gesetze. Vor allem betont er, dass es den Menschen freisteht, aus einer Gesellschaft auszuscheiden. Diese sei auf gegenseitigen Vorteil begründet, man dürfe aus ihr ausscheiden, wenn sie einem lästig werde; er vergleicht die Zugehörigkeit zur Gesellschaft zudem mit einem Vertrag, der ohne eigene Mitwirkung abgeschlossen worden sei (Montesquieu: Persische Briefe 141f (Nr. 76)).

[260] Lind 1999: 112. Verglichen mit Hume (oder auch Montesquieu oder Rousseau) „blieb die deutsche philosophische Diskussion [...] weit zurück" (Lind 1999: 112).

Bei **Kant**[261] fällt zunächst ebenfalls die deutliche Wortwahl auf: Er nennt die Selbsttötung „das abscheulichste Laster des Grausens und des Hasses"[121], „gräßlich"[191], spricht vom Suizidenten als einem „Scheusal"[191] oder einem „Aas"[200].

Die Argumentation bezüglich des Suizides in der *Vorlesung* ist wenig überzeugend, sie liest sich wie eine unsystematische Aufzählung verschiedener Argumente, die alle nicht weiter ausgeführt werden. Der „Selbstmord"[137] wird ausnahmslos und mit scharfen Worten verurteilt, Kant nennt ihn die höchste Verletzung der obersten Pflicht (womit die Selbsterhaltung diese wäre), er widerspreche der Freiheit, hebe das Subjekt der Sittlichkeit und damit die Bedingung aller Pflichten auf, widerspreche der Menschheit in der eigenen Person bzw. der Würde der Menschheit, der Suizident werde ein Meister über jedes andern Leben. Kant wiederholt christliche Standardargumente (Stichworte sind der Widerstreit gegen die Vorsehung, das Verlassen des Postens, das Unnatürliche, Gott als Eigentumsherr). Dann wiederum macht Kant aber das ‚Aufopfern' des Lebens zur Pflicht, wenn es nur durch Verletzung der bzw. einer Pflicht gegen sich erhalten werden könne (vgl.: zu leben sei nicht nötig, aber, solange man lebt, ehrenwert zu leben[141]). Damit ergibt sich die Möglichkeit, manche Suizide zu rechtfertigen (Kants Beispiel: besser sich suizidieren, als die eigene Person dem Willen eines anderen preisgeben[146]).

Zu beachten ist, dass der Kant der Vorlesung keineswegs mit dem der *Kritiken* gleichzusetzen ist: Während die Nachschrift in etwa die Vorlesung von 1775-1785 repräsentieren dürfte, sind die *Grundlegung zur Metaphysik der Sitten*, die *Kritik der praktischen Vernunft* und die Metaphysik *der Sitten* erst danach erschienen. Außerdem hat Kant seiner Vorlesung nicht seine eigene Ethik zugrundegelegt, vielmehr orientieren sich seine Ausführungen an denen Baumgartens und Wolffs, schließlich sind nur Nachschriften erhalten, keine Skripte von Kant selbst.[116] Will man Kants Argumentation zum Thema betrachten, sollte man sich also bestenfalls auch, keinesfalls aber nur auf die Vorlesung berufen.[262]

In der *Grundlegung* verwendet Kant das Beispiel eines Suizids aus Lebensüberdruss zur Demonstration des kategorischen Imperativs: Eine entsprechende Maxime könne nicht als Naturgesetz gedacht werden und bedeute eine Behandlung des Menschen bloß als Mittel, passe also nicht zur Idee der Menschheit als Zweck an sich

---

[261] Zu Kant allgemein vgl. besonders auch Durán Casas 1996, Paton 1962, Wilde 1975, Schnoor 1989, Nisters 1989, Kaulbach 1988, Höffe 1977. Zum Thema Suizid bei Kant vgl. auch Seidler 1983, Sommer 1977, Novak 1975, Römpp 1988, Ataner 2006, Cholbi 2010, Harter 2011, Latham 2007.

[262] Kettner/Gerisch 2004: 61 bspw. weist die Argumentation Kants zurück und spricht von schwachen Argumenten, bezieht sich dabei aber leider nur auf die Vorlesung.

selbst. Festzuhalten ist, dass es hier aber nur um ein Beispiel und nur um das Motiv des Lebensüberdrusses geht.

In der *Tugendlehre* erhält das Thema der Selbsttötung einen systematischen Platz, da die Selbsterhaltung zur ersten Pflicht gegen sich selbst „in der Qualität der Thierheit"[166] erklärt wird. Eventuelle Pflichtverletzungen gegen andere und gegen Gott erwähnt Kant hier zwar, geht aber nicht weiter auf sie ein. Dass eine Selbsttötung ein Selbst*mord* sei, begründet Kant damit, dass es ein Widerspruch sei, sich aller Pflicht zu entziehen; dies bedeute eine Vernichtung des Subjekts der Sittlichkeit in der eigenen Person, also ein Missbrauch seiner selbst als bloßes Mittel, eine Abwürdigung der Menschheit in der eigenen Person. Die kasuistischen Fragen lassen allerdings Ausnahmen von der Wertung erwarten.

Was die formalen Aspekte der Behandlung des Suizidthemas angeht, ist hervorzuheben, dass Kant sich um differenzierte Begriffe bemüht: In seiner *Tugendlehre* spricht er zunächst – wertneutral – von Selbstentleibung, glaubt dann beweisen zu können, dass diese ein Mord sei, und verwendet daraufhin diesen Begriff.[263]

In seiner Vorlesung bemerkt er, dass die Intention, sich zu töten den Selbstmord ausmache;[136, 264] weshalb auch derjenige, der sich durch Unmäßigkeit sozusagen langsam tötet, kein Selbstmörder sei. Auch diese Überlegung eröffnet eine Möglichkeit, Suizidenten vor Kant zu verteidigen: so geht es den meisten nicht eigentlich darum, das Leben zu beenden, sondern nur das Leben in der jeweiligen Ausprägung (nicht das Leben, sondern das Leid wird abgelehnt, nicht der Tod, sondern Ruhe o. ä. gesucht).

Kants Argumente sind häufig kritisiert worden, insbesondere seine Anwendung des kategorischen Imperatives[265] (und dieser selbst). Auch wenn Schopenhauer bekanntlich geurteilt hat, dass „die Gründe gegen den Selbstmord, welche *Kant* [...] anzuführen nicht verschmäht," er „gewissenhafterweise nicht anders betiteln [könne], als Armsäligkeiten, die nicht einmal eine Antwort verdienen"[266], soll in Kap. 3.2.1 auf sie eingegangen werden.

---

[263] In seiner zuvor erschienen *Grundlegung* verwendet er dagegen gleich *Selbstmord*. Vgl. auch Wimmer 1980: 194 (der die spätere Differenzierung übergeht) und Dubitscher 1965: 11, der behauptet, Kant spreche trotz seiner Ablehnung „nur von einer Selbst-Tötung"; vgl. zudem Schlette 1989: 41: „Kant hält den Selbstmord, die ‚Selbstentleibung', wie er sich ausdrückt [...]".

[264] „Kant interessiert sich nicht [...] für das factum brutum der Tat. Was ihm hier, wie überhaupt in seiner Moralphilosophie wichtig ist, sind die Gesinnungen" (Nisters 1989: 189).

[265] Wilde gibt einen umfassenden Überblick über die Kritiker und deren Kritik: Wilde 1975: 123-146; vgl. weiter die in Fußnote 261 genannte Literatur.

[266] Schopenhauer III 483 (Grundlage der Moral § 5)

Es ist außerdem anzumerken, dass besonders, aber nicht nur, bei der Darstellung der Position Kants eine verfälschende Kürzung häufig ist; oft werden Kants Gedanken auf eine (angebliche) kategorische Verurteilung des Suizids reduziert.[267] Die Vorlesung wird unkritisch genutzt, die kasuistischen Fragen, die nahelegen, dass für Kant in einigen Fällen den Suizid erlaubt, wenn nicht geboten ist, übersehen,[268] oder es wird nicht beachtet, dass Kant in seiner *Grundlegung* von einem bestimmten ‚Suizidtyp' spricht. Außerdem führt Kant den Suizid dort lediglich als Beispiel an: es geht ihm hier weniger um die Rechtfertigung einer Pflicht / eines Verbots, als vielmehr darum, die Funktionsweise seines kategorischen Imperativs zu zeigen: man könnte, insbesondere da er mit dem Beispiel wenig überzeugt, meinen, er hätte an Inhalten der ‚geltenden' Moral (zum Beispiel Wolff) seine neue (formale) Ethik demonstrieren wollen – und nicht geprüft, ob seine Ethik womöglich zu anderen Ergebnissen kommen könnte.

3.2 Der Suizid als ethisches Problem

Die in Kap. 2 betrachteten Autoren sehen die Selbsttötung meist als ethisches und / bzw. religiöses Problem, andere Aspekte waren der Suizid als Irrtum und die Themen der Krankheit, des Wahnsinns, sowie der Freiheit. Schwerpunkt war die Argumentation für ein moralisches Verbot des Suizids bzw. bei Seneca oder Hume gegen ein (bestehendes) Verbot.[269]

Im Folgenden sollen die Standardargumente kurz betrachtet werden. Dabei wird davon ausgegangen, dass ein wesentliches Charakteristikum moralischer Gebote oder Verbote deren Anspruch auf Allgemeingültigkeit ist.[270]

Die Argumente sollen zudem immanent kritisiert werden. Eine Diskussion der jeweiligen philosophischen Grundlagen ist hier nicht möglich.

3.2.1 Argumente gegen die Erlaubtheit der Selbsttötung

Im Folgenden sollen die genannten Argumente gegen die Selbsttötung zusammengefasst und kurz kritisiert werden. Die Liste orientiert sich an der Einteilung, wie man sie bei Thomas oder Hume findet. Es gibt

---

[267] Vgl. Tétaz 1970: 135, Bronisch 1995: 84, Dubitscher 1965: 11, Willemsen 1986: 25, Veit 1976: 27f; auch Hirzel 1908/1967: 1, Schlette 1989: 41, Holderegger 1989: 1137.
[268] Nisters 1989: 189; auch Wimmer 1980: 194
[269] Zum Thema Ethik des Suizids vgl. besonders Decher 1999, Baumann 2001, Wittwer 2003, Birnbacher 1990, Kettner/Gerisch 2004.
[270] Vgl. Birnbacher 2006: 195.

a) Gott,
b) andere Menschen,
c) sich selbst

betreffende Argumente. Allgemeiner lässt sich mit Birnbacher formulieren:

a) metaphysisch-ethische,
b) sozial-ethische und
c) individual-ethische Argumente.[271]

Darauf aufbauend wäre folgende detailliertere Einteilung möglich:

a1)   das Leben ist ein Geschenk Gottes
a2)   der Mensch gehört Gott
a3)   eine Selbsttötung ‚stört‘ die Vorsehung Gottes (unerlaubtes Verlassen des Postens)

b1)   Unrecht gegen den Nächsten, gegen Angehörige
b2)   Unrecht gegen das Gemeinwesen, die Gesellschaft

c)   eine Selbsttötung ist unnatürlich, sie widerstreitet der Selbstliebe, -erhaltung

Bei den wesentlichen Argumenten Kants ist eine Einordnung problematisch, vorerst wird daher darauf verzichtet:

d1)   eine Selbsttötung widerstreitet der Menschheit in uns, sie richtet sich gegen die ‚Zweckhaftigkeit des Menschen‘, gegen die Würde des Menschen
d2)   eine Selbsttötung hebt die Moral auf

Kurz diskutiert werden sollen auch die Themen

a4)   biblisches Tötungsverbot (fünftes Gebot) (und fehlende Suiziderlaubnis in der Bibel)
und
e)   Suizid als feige.

Diese Einteilung kann nicht mehr als vorläufig sein; auf die Zuordnung der wichtigsten kantischen Argumente wird verzichtet (d), die Feigheitsthese ist eben-

---

[271] Birnbacher 1990: 397, 400, 404. Zur folgenden Darstellung vgl. Birnbacher 1990: 396ff.

falls schwer zuzuordnen.[272] Außerdem ist die Vermischung theologischer mit philo-sophischen Gedanken unschön (a1-4). Die Argumente, die sich auf die bzw. eine ‚Heilige Schrift', auf eine Offenbarung beziehen, können nicht eigentlich philoso-phisch genannt werden (sondern theologisch).

(Überhaupt stellt sich die Frage, welche Argumente man als ethische anerkennen will; wollte man Gedankengänge zum Beispiel Schopenhauers, Nietzsches oder Ca-mus' einbeziehen, deren Ablehnung des Suizids bzw. Aufforderung zum Suizid nicht unbedingt ethisch genannt werden können, würde das Problem noch schwieriger.)

Die Argumente lassen sich natürlich auch in anderer Weise gruppieren. Kettner/Gerisch beispielsweise nennen je „drei Register", je mit „Pro- und Kontra-Argumenten": *„dignitas"*, *„Eudaimonie"*, *„Autonomie"*,[273] oder auch: „Würde, Le-bensglück und Selbstbestimmung"[274].

Zu a1)

Wird, wie bei Thomas von Aquin, das Leben des Menschen als Geschenk Gottes verstanden, so folgt keineswegs, dass der Mensch dann nicht über es verfügen dürfe, ist doch „ein Geschenk [...] dadurch definiert, daß es in das Eigentum des Beschenk-ten übergeht. Wenn das Leben ein Geschenk Gottes ist, dann sollten dem Beschenk-ten dieselben Verfügungsrechte über sein Leben zustehen wie über anderes Eigen-tum auch."[275] Daraus würde noch kein Recht zur freien Verfügung folgern, schließ-lich ist die Idee, dass Eigentum auch verpflichtet, nicht abwegig. Allerdings wäre damit für die Frage nach dem Suizid nichts gewonnen, da doch jetzt eben diese Ver-pflichtung begründet werden müsste. Im Übrigen kann aber das Wegwerfen eines Geschenkes als den Schenker beleidigend oder kränkend angesehen werden.

Schließlich liegt es im Begriff eines Geschenkes, dass es nicht angenommen werden muss; der Mensch aber hat nicht gewählt, geboren zu werden, er hatte also keine Möglichkeit zur Zurückweisung. Aus anderer Sicht fragt Montesquieu zu Recht, ob „Gott [...] mich dazu verdammen [will], Gnadenbezeigungen anzuneh-men, die mir eine erdrückende Last sind".[276]

---

[272] Sie ist auch eher als Teil einer Tugendlehre, denn einer *Pflicht*ethik zu verstehen.
[273] Kettner/Gerisch 2004: 54
[274] Kettner/Gerisch 2004: 55
[275] Birnbacher 1990: 397
[276] Montesquieu 1964: 141

Zu ergänzen ist weiterhin, dass wir immer über viele Dinge verfügen, die wir uns nicht selbst gegeben haben: die Frage ist also, weshalb das Leben eine Ausnahme sein soll, wir über dieses nicht verfügen dürfen sollen.

Weiter scheint es willkürlich, dass zwar das Leben als Geschenk betrachtet wird, offenbar aber nicht die Fähigkeit, sich zu suizidieren.[277] Allgemeiner: Wenn das Leben ein Geschenk ist, könnte man alles als Geschenk ansehen.[278]

Schließlich ist das Bild vom Geschenk auch aus einem anderen Grund nicht haltbar: Der Beschenkte hat zum Zeitpunkt des Beschenktwerdens natürlich noch gar nicht existiert – ohne einen Empfänger/Beschenkten lässt sich aber nicht sinnvoll vom Schenken sprechen.

Zusammenfassend ergibt sich, dass das Argument des Geschenkes unhaltbar ist: 1) da ein Geschenk in den Besitz des Beschenkten übergeht, 2) da ein Ablehnen nicht möglich war und 3) da es den Beschenkten gar nicht gegeben hat. Allerdings genügt ein Hinweis auf 1) nicht, um das Geschenkargument ganz zurückzuweisen: Eigentum impliziert keineswegs freie Verfügbarkeit. Einschränkungen müssten aber begründet werden, das Geschenkargument alleine wäre daher schlicht nichtssagend. Insbesondere dürfte es schwierig sein, dem Schenker ein Verfügungsrecht einräumen zu wollen.

Zu a2)

Die Auffassung, dass der Mensch Eigentum Gottes (oder irgendwelcher Götter (und Göttinnen)) ist, vertreten u. a. Platon und der Kant der Ethikvorlesung. Selbst wenn man diese Ansicht (wodurch der Mensch allerdings zu einer Art Leibeigener würde), akzeptiert, ist es nicht selbstverständlich, dass eine Selbsttötung *ausschließlich* auf Wunsch oder Befehl (oder nach Erlaubnis) Gottes erfolgen darf: So könnte ein Leibeigener sich töten, um eine Schädigung anderen Eigentums seines Herrn abzuwenden (beispielsweise bei schwerer, ansteckender Krankheit oder bei Pflegebedürftigkeit im Alter). Im Übrigen bleibt völlig unklar, wie zu entscheiden sein soll, was Gott ‚will‘. Platon beispielsweise lässt Suizide dann auch in manchen Fällen zu, Augustinus ebenso. Schließlich muss man fragen, wieso Gott seinem Eigentum, dass er ja auch mit Freiheit ausgestattet hat, nicht eben auch die Freiheit lassen soll-

---

[277] Vgl. auch die Idee vom „Geschenk des Todes" (Schlimme 2007: 195).
[278] Vgl. Mayer 1906: 281: „Man habe sich das Leben nicht selbst gegeben, folglich dürfe man dasselbe auch nicht von sich werfen. – Mir ist diese Begründung von jeher sehr fadenscheinig vorgekommen; denn, was in aller Welt haben wir im Leben uns selbst gegeben?"

te, selbst über das Lebensende zu entscheiden? Da diese Fragen letztlich offenbleiben, ist die, ob die Eigentums-Behauptung philosophisch (oder theologisch) überzeugend begründet werden kann, nicht mehr ausschlaggebend.

Zu a3)

Die Behauptung, der Suizid widerstreite der (göttlichen) Vorsehung, hat Hume kritisch zu hinterfragen versucht. Er stellt insbesondere heraus, dass nichts gegen Gottes Willen geschehe, und dass außerdem, nimmt man im Falle der Selbsttötung einen Verstoß gegen die Vorsehung an, dann auch einer bei lebenserhaltenden (zu ergänzen wäre: -verlängernden) Maßnahmen vorliege – eine Ansicht, die ja zum Beispiel Tatian vertritt[279]). Letztlich ließe sich bei allem Tun und Unterlassen ein Verstoß gegen die Vorsehung annehmen. Humes Argument ist daher unschlüssig, denn, wenn, wie Hume sagt, nichts gegen Gottes Willen geschehe, würde dies auch Morde etc. einschließen.[280] Der Zusammenhang von göttlicher Vorsehung und moralischer Verantwortung muss offensichtlich komplizierter sein. Das ist jedoch eine theologische Frage; hier ist entscheidend, dass keinerlei Argument für oder gegen die Selbsttötung erkennbar ist.[281]

Für alle drei Varianten (a1-3) gilt, dass der Mensch, sei es durch Tun oder durch Unterlassen, sehr oft lebensverlängernd oder -verkürzend wirkt: sei es durch die Lebensweise oder durch medizinische Eingriffe usw. Dies müsste ebenso als ‚Missbrauch‘ des Geschenkes bzw. Gottes Eigentums oder eben als Störung der Vorsehung gelten.

Aus den genannten Argumenten lässt sich also kein Verbot des Suizids, schon gar kein ausnahmsloses, ableiten.

---

[279] Tatian (altchristlicher Theologe, um 172 u. Z.) geht z. B. „gegen alle Heilkunde [...]" vor; nach seiner Meinung gibt es für den Christen nur *ein* Mittel in Stunden der Krankheit: das Gebet zu Gott". (Schöpf 1958: 53)

[280] Bezogen auf Humes Vergleich des Lebens eines Menschen mit dem einer Auster schreibt Streminger dann auch, „jede Tötung auf Erden, auch der Genozid [werde] zum bloßen Klacks" (Streminger 2010: 258).

[281] Zum Bild der Festung bzw. des Wachtpostens ist noch anzumerken, dass sich auch fragen ließe, um welche Festung es sich denn handelt, gegen wen oder was sich der Mensch hier zu verteidigen hat (vgl. Brieskorn 2005: 49).

Zu a4)

Das biblische Tötungsverbot bezieht sich nach Ansicht zum Beispiel Augustinus', Thomas' auch auf die Selbsttötung. Es ist klar, dass ein solches Argument, d. h. ein auf einen Offenbarungsglauben beruhendes, *keine ethische Allgemeingültigkeit* beanspruchen kann. Aber auch wenn man diesen als Prämisse hinnimmt, überzeugt das Argument nicht. Die Interpretation des biblischen Gebotes als Suizidverbot wird v. a. aus zweierlei Gründen angezweifelt (vgl. Hume, Rousseau[282]): zum einen berichtet die Bibel ohne negative Stellungnahme von vielen Suiziden (Abimelech[283], Simson[284], Saul[285], Sauls Waffenträger[286], Ahitofel[287], Simri[288], Eleaser[289], Ptolemäus Makron[290], Rasi[291] und Judas[292] – die Ansichten darüber, ob die einzelnen Handlungen als Suizid, Selbsttötung im engeren oder weiteren Sinne oder als Selbstopfer zu beurteilen sind, gehen – natürlich – auseinander[293]), zum anderen gibt es im Falle der Fremdtötung etliche Ausnahmen (wenigstens die Tötung in Notwehr, die Todesstrafe oder das Töten im Krieg sind hier zu nennen, eventuell auch die Abtreibung oder das Töten von Tieren,), was nahelegt, dass es auch für die Selbsttötung welche gibt bzw. mindestens geben kann. Mit dem fünften Gebot lässt sich daher ein Suizidverbot nicht begründen.

Schließlich man muss fragen, ob das fünfte Gebot womöglich nicht das „Töten", sondern lediglich das „Morden" verbietet.[294] Dann wäre es nichtssagend, da Morden schon ein verbotenes Töten bezeichnet, das Gebot würde also ohnehin Verbotenes verbieten. Eine andere Interpretationsweise findet sich beispielsweise bei Luther, der den Umfang des Gebots derart ausdehnt, dass jeder Mensch zum Mörder wird: „Wer seinen Bruder nicht liebt, der ist ein Mörder".[295]

---

[282] Rousseau 401

[283] Richter 9, 50ff

[284] Richter 16, 28-30

[285] 1 Samuel 31, 4; 2 Samuel 1, 6ff; 1 Chronik 10, 4, vgl. 1 Chronik 10, 13f.

[286] 1 Samuel 31, 5

[287] 2 Samuel 17, 23

[288] 1 Könige 16, 18

[289] 1 Makkabäer 6, 43ff, 2 Makkabäer 6, 18-31

[290] 2 Makkabäer 10, 12f

[291] 2 Makkabäer 14, 41ff

[292] Matthäus 27, 4f, vgl. aber Apostelgeschichte 1, 18. Barraclough 1992 nennt darüber hinaus den siebten Bruder und dessen Mutter aus dem 12. bzw. 17. Kapitel des vierten Makkabäerbuches.

[293] S. dazu Barraclough 1992 und Lenzen 1987, dort bes. 65f, Lenzen 1992. Teilweise wird auch Jesu' Tod als Suizid interpretiert, bspw. bei Donne 1611.

[294] Auf die Diskussion der entsprechenden Übersetzungsproblematik kann hier nicht eingegangen werden; vgl. aber Fußnote 57.

[295] Luther 1527/1833: 326; vgl. auch 331.

Augustinus' Bemerkung, dass die Bibel den Suizid nicht ausdrücklich erlaubt, mag im Übrigen zwar richtig sein, ein Verbot hieraus abzuleiten, ist aber trivialerweise nicht möglich.

Man darf es als überraschend ansehen, dass die Argumentationen (a1-a4) so erfolgreich waren und die Einstellung zum Suizid bis in die Gegenwart prägen konnte.[296]

Zu b)

Dass die Selbsttötung ein Unrecht gegen die Gemeinschaft ist, behaupten v. a. Aristoteles und Thomas. Versteht man dies im Sinne eines ökonomischen Schadens, wäre es bestenfalls ein Argument gegen einen Teil der Suizide, zugleich aber auch eines für einige, da ein Suizid ja auch wirtschaftlichen Nutzen bedeuten könnte – wobei eine solche Aufrechnung von Schaden und Nutzen praktisch nicht durchführbar sein dürfte. Klar ist hingegen, dass bei (mindestens den meisten) Suiziden der Gemeinschaft, dem Nächsten (insbesondere Angehörigen) ein (ökonomischer oder emotionaler) Schaden zugefügt wird, indirekte Folgen, wie beispielsweise eine Art Vertrauensverlust in Sachen Schutz des menschlichen Lebens, entstehender sozialer Druck zur Selbsttötung im Alter o. ä. wären ebenfalls zu bedenken. Damit ist aber nur gesagt, dass es (moralisch gesehen) Gründe gegen eine Selbsttötung gibt, nicht aber, dass es keine gewichtigeren dafür geben mag. Der Aspekt der Schädigung anderer, insbesondere Nahestehender, wird bei den meisten Argumentationen für eine allgemeine Erlaubtheit der Selbsttötung allerdings gerne ignoriert. Selbst wenn es keinerlei stichhaltige Argumente für ein Verbot geben sollte, müsste man zur moralischen Rechtfertigung eines Suizides mindestens erklären, dass das Leiden der Nächsten, allgemeiner, der entstehende Schaden bei Betroffenen und der Gemeinschaft insgesamt, dem Suizidwunsch untergeordnet werden kann. Alternativ könnte man versuchen, für den Menschen ein moralisches Recht zu begründen, jederzeit die Gemeinschaft verlassen zu dürfen. Eine Selbstverständlichkeit kann eine solche

---

[296] Auch der zugrunde gelegte Gottesbegriff bzw. Offenbarung kann natürlich kritisiert werden. So stellt sich die Frage, „ob Gott überhaupt gut sei"; solange dies unbeantwortet ist, „wäre auch der göttliche Gesetzeskodex problematisch geworden. Es stellte sich nämlich mit Nachdruck die Frage, ob Menschen, die nach dem moralisch Richtigen streben wollen, verpflichtet sein könnten, die Forderungen eines Wesens zu befolgen, von dem sie nicht wissen, dass es gut ist." (Streminger 2010: 258f) Selbst wenn man Gott als gut akzeptiert, gilt: „Es ist nicht möglich zu begründen, dass der angeblich offenbarte Moralkodex deshalb gut ist, weil er von einem guten Wesen stammt" (Streminger 2010: 259).

‚einseitige Aufkündigung' aber sicher nicht sein. Humes Argumentation ist auch hier mehr als dürftig.

Die denkbare, zu diskutierende Schädigung beschränkt sich, wie gesagt, nicht auf die ökonomischen oder emotionalen Folgen. Eine Gesellschaft existiert immer nur dank eines Regelwerkes, der Suizident entzieht sich dem aber. Ein willkürlicher Suizid ließe sich damit als anti-gesellschaftlicher Akt ansehen. Diese Idee findet sich ausdrücklich bei Kant. Auch die Ethik insgesamt wird dadurch in Frage gestellt (da der Suizident sich jeder Verpflichtung entzieht), vgl. dazu unten.[297]

Zusammenfassend ist zu sagen, dass die Möglichkeit eines allgemeinen Suizid-verbots aufgrund sozial-ethischer Argumente nicht zu sehen ist, ein Ignorieren der Folgen für die Mitmenschen und die Gesellschaft insgesamt aber auch nicht über-zeugend ist. Vieles spricht daher für die Notwendigkeit einer Güterabwägung.

Zu c)

Einige Philosophen sehen im Suizid etwas Unnatürliches, der oder unserer Natur Widerstreitendes. (Ob das Argument unter individual-ethische einzusortieren ist, lie-ße sich diskutieren.) Mit einem Naturbegriff zu argumentieren, bereitet aber be-kanntlich große Schwierigkeiten: „Nun läßt sich aber [...] kein schlechteres Argu-ment für die moralische Verurteilung irgendeiner menschlichen Verhaltensweise denken als das, sie sei unnatürlich."[298] Denn eine Argumentation mit ‚der' Natur hängt entscheidend davon ab, was „Natur" bedeuten soll: das eigentliche Problem verschiebt sich entsprechend, der Naturbegriff muss jetzt begründet werden. Zudem muss erklärt werden, weshalb die Natur normativ sein soll bzw. sein kann.[299]

---

[297] Vgl. dazu auch Wittgenstein, der geschrieben hat, dass, wenn Suizid erlaubt sei, alles erlaubt sei.

[298] „Wer sagen wollte, daß der Selbstmord beim Menschen moralisch unakzeptabel sei, weil er von keinem anderen Naturwesen bekannt ist, wäre gezwungen, sämtliche spezifisch menschliche Fähigkeiten als moralisch unakzeptabel gelten zu lassen." (Birnbacher 1990: 401) Vgl. auch d'Holbach: System der Natur 243ff. Der Determinist betont, dass der Selbstmörder, „wenn er sich das Leben nimmt, [...] eine Anordnung der Natur aus[führt], die ihn nicht mehr existieren lassen will." (244)

[299] Ausführlich dazu z.B. Birnbachers Aufsatz „Natur' als Maßstab menschlichen Handelns". Dort heißt es: „Argumentationen, in denen ‚Natur' und ‚natürlich' das letzte Wort haben, entpuppen sich [...] vielfach als bloße Scheinargumentationen. Ein krasses Beispiel für eine derartige Scheinargumentation ist die ethische Verurteilung des Selbstmords mit dem Hinweis auf seine angebliche „Unnatürlichkeit"." (Birnbacher 1997: 220f)

Wäre ein Suizid unnatürlich, sollten auch lebensverkürzendes Tun oder Unterlassen und auch -verlängernde Operationen oder Medikationen usw. unnatürlich sein, sogar beliebige andere kulturelle Leistungen des Menschen wären eventuell als unnatürlich zu klassifizieren.

Zu **d)**

Kant wiederholt, vor allem in der Vorlesung viele der bereits bekannten Argumente: Der Suizid widerstreite den Pflichten gegen Gott, da dieser Eigentumsherr sei, der Suizid widerstreite der Vorsehung und den Erhaltungskräften der Natur. Außerdem verletzte er die Pflichten gegen andere und, für Kant am entscheidendsten, gegen sich selbst.

Dass das Thema Natur unter die Pflichten gegen Gott eingereiht wird, kann man so interpretieren, dass die Natur (das ‚natürliche' Gebot der Selbstliebe und Selbsterhaltung) als von Gott gegeben verstanden wird.

Bezüglich der Gott betreffenden Argumente ist eine Bemerkung besonders hervorzuheben, die einen fundamentalen Unterschied zu seinen Vorgängern ausdrückt: Kant betont nämlich, Gott habe den Suizid verboten, weil dieser unmoralisch sei – nicht etwa umgekehrt.[139] Nach Kant ist also das Suizidverbot gänzlich unabhängig von Gott zu begründen.

Die eigentlich interessanten Argumente sind die von Kant im Zusammenhang mit den Pflichten gegen sich selbst vorgebrachten: das der Aufhebung der Sittlichkeit und das der Verletzung der Würde der Menschheit. Er bezieht sich hierbei nicht auf einen nicht begründbaren Gott oder ein ebenso unklares Naturgesetz, auch macht er die Frage der Selbsttötung nicht abhängig von anderen bzw. der Gesellschaft (mit den damit verbundenen Problemen).

Schon in der Vorlesung erwähnt er ein entsprechendes Argument; es lässt sich als Variante des Arguments der Unverfügbarkeit des eigenen Lebens lesen: Die verpflichtende Instanz wird von Kant aber von Gott in den Menschen verlegt, Kant spricht von der „Menschheit in meiner Person"[125], der „Würde der Menschheit"[126], etwas „Heilige[m]"[127]. Birnbacher bemerkt hierzu, dass die Überzeugungskraft dieses Arguments dadurch eingeschränkt sei, „daß es sich bei diesem metaphysischen Persönlichkeitskern um ein bloßes Postulat" handle.[300] Da das Argument in der Vorlesungsnachschrift nicht weiter erläutert wird, soll hier auch nicht weiter darauf ein-

---

[300] Birnbacher 1990: 400

gegangen werden. Die Vorlesung bzw. ihre Nachschriften enthalten aber ohnehin nicht den ‚eigentlichen' Kant: sie stammt aus der vorkritischen Zeit und Kant trägt hier nicht unbedingt seine Philosophie vor.[116]

Um die genuin kantischen Argumente besser zu verstehen, muss kurz auf die Grundideen seiner Ethik eingegangen werden. Kants Gedankengang könnte man kurz und sehr vereinfachend wie folgt zusammenfassen: Ethik handelt definitionsgemäß von allgemeinverbindlichen Normen, eine solche Allgemeinheit lässt sich aber durch Rekurs auf Glauben nicht erreichen; die einzig denkbare Basis einer Ethik ist damit in formaler Hinsicht gerade die Verallgemeinerbarkeit, in inhaltlicher ist es die Menschheit, denn die Menschen – und nur sie – sind es, die ein Sollen im Sinne eines kategorischen Imperativs, also als moralische Pflicht, kennen. Die Menschheit ist damit der (einzige) „Zweck an sich selbst"[156]. Der ‚Persönlichkeitskern', gewissermaßen die Teilhabe an der Menschheit, wäre damit kein einfaches Postulat, sondern folgt aus der Idee der Ethik. Anders formuliert: Wer überhaupt eine Ethik haben möchte, muss diesen Kern anerkennen.

Vor diesem Hintergrund wird die Argumentation Kants verständlich, wenngleich diese vielleicht auch nicht in allen Einzelheiten konsequent oder folgerichtig ist.

Die Kernstelle aus der *Tugendlehre* sei zur Erinnerung hier noch einmal zitiert: „Der Persönlichkeit kann der Mensch sich nicht entäußern, so lange von Pflichten die Rede ist, folglich so lange er lebt, und es ist ein Widerspruch die Befugniß zu haben sich aller Verbindlichkeit zu entziehen, d. i. frei so zu handeln, als ob es zu dieser Handlung gar keiner Befugniß bedürfte."[174] Der Mensch ist als Mensch ein sittliches Wesen, das (moralische) Sollen ist also allgegenwärtig, Leben bedeutet Verpflichtetsein. Sich ohne eine Erlaubnis diesem Verpflichtetsein zu entziehen, kann man in der Tat als einen Widerspruch auffassen: Wenn ich beispielsweise verpflichtet bin, X zu tun, statt X zu tun aber frei, also ohne ausdrückliche moralische Erlaubnis, durch Selbsttötung mich dieser Pflicht entziehen dürfte, wäre X offenbar gar keine Pflicht gewesen. Ein allgemeines Recht auf Selbsttötung würde also jede Pflicht zu einer relativen machen: statt eine Pflicht zu erfüllen, wäre es immer auch erlaubt sich zu töten, sie also nicht zu erfüllen. Daher schreibt Kant weiter: „Das Subjekt der Sittlichkeit in seiner eigenen Person zernichten, ist eben so viel, als die Sittlichkeit selbst ihrer Existenz nach, so viel an ihm ist, aus der Welt zu vertilgen, welche doch Zweck an sich selbst ist"[174]. Ein Suizid steht also im Widerspruch zur Sittlichkeit (welche ja ein kategorisches Sollen bedeutet). In Kants Termini formuliert: „mithin über sich als bloßes Mittel zu ihm beliebigem Zweck zu disponieren, heißt die Menschheit in seiner Person (*homo noumenon*) abzuwürdigen, der doch der Mensch (*homo phaenomenon*) zur Erhaltung anvertrauet war."[174]

Allerdings bezieht sich diese Überlegung nur auf eine Selbsttötung, die „frei [...], als ob es zu dieser Handlung gar keiner Befugniß bedürfte"[174], erfolgt. Dass nämlich jede „Befugniß [...] sich aller Verbindlichkeit zu entziehen"[174] ein Widerspruch sein soll, hat Kant nicht begründet: Sich ohne moralische Legitimation dem Verpflichtetsein zu entziehen, also ein ‚eigenwilliger‘, das Verpflichtetsein ignorierender, Suizid hebt tatsächlich die Ethik auf, denn dann könnte ja jeder Pflicht durch Suizid ausgewichen werden. Da eine Selbsttötung jede Erfüllung von Pflichten unmöglich macht, bedarf es offenbar einer ausdrücklichen Rechtfertigung: also eine Pflicht zum Suizid oder wenigstens eine Erlaubnis. So hebt ein als moralisch erlaubt oder pflichtgemäß gesehenes Selbstopfer die Sittlichkeit wohl nicht auf. Und genau das spricht Kant an, wenn er ein Aufopfern des Lebens einem Verlust der Moralität vorzieht[141, 142, 146] oder schreibt, die Intention, sich zu töten, sei entscheidend[136].

Die Überlegungen zur Menschheit als Zweck an sich selbst entsprechen dem obigen Argument. Die Würde des Menschen ist nichts anderes als seine ‚Teilhabe‘ am Sittlichen, also an der Menschheit. Diese, als Selbstzweck, steht über allen anderen denkbaren Werten, damit insbesondere auch über einem Gefühl wie Lebensüberdruss.

Kants konkrete Anwendung des kategorischen Imperativs ist immer wieder kritisiert worden. Versucht man eine wohlwollende Interpretation, könnte man den von Kant behaupteten Widerspruch vielleicht wie folgt erklären: eine Natur, in der Schmerzen oder Leiden nicht dazu führen, diese zu vermeiden, sondern sich sofort zu töten, wäre in der Tat nicht als Natur denkbar, es würde zur Auslöschung der Menschheit führen. Das Problem ist aber natürlich, dass es beim Suizid um ein sehr großes Maß an Leiden geht: wenn nur ein solches zum Tod führen würde, wäre das auch als Naturgesetz gedacht völlig unproblematisch.

Eine Einordnung der hier genannten Argumente Kants in das obige Schema ist offensichtlich nicht überzeugend möglich: Kant spricht von einer Pflicht gegen sich selbst, tatsächlich ist es ja aber eine Pflicht gegenüber dem Sittlichen insgesamt; der Suizid wird zu einem Angriff auf die Idee der Sittlichkeit und damit auf die Menschheit, den Menschen insgesamt, und damit eigentlich auf jeden einzelnen Menschen, auch sich selbst.[301] Somit ließe sich sagen, „[n]icht zwischen Gott und Mensch, sondern der Menschheit (homo noumenon) an sich und dem Menschen (homo phaenomenon) bewegt sich die Begutachtung"[302].

Zu e)

Selbsttötung wird häufig mit Feigheit oder Schwäche in Verbindung gebracht. Nicht nur im Alltag, auch Philosophen wie Platon und Aristoteles tun dies; Seneca, Hume und Kant denken ebenfalls darüber nach und weisen den Gedanken mindestens teilweise zurück. Dass eine Selbsttötung feige sein kann, aber nicht muss, sondern Mut beweisen kann, ist offensichtlich. Mag man Mut als Tugend anerkennen, so könnte man vielleicht manchen Suizid moralisch kritisieren (Feigheit zum Beispiel als Ausweichen vor Verantwortung); man darf aber nicht übersehen, dass der Suizid auch eine mutige(re) Alternative zum Leben sein kann (beispielsweise im Falle eines Opfers für andere oder des Beendens eines qualvollen Lebens).[303]

3.2.2 Andere ethische Probleme

Die meisten Philosophen haben sich, wenn sie überhaupt die Selbsttötung thematisiert haben, nur mit der Frage von Verbot oder Erlaubtheit des Suizids beschäftigt. Eine differenzierte Betrachtung von Einzelfällen oder wenigstens von ‚Suizidtypen', zum Beispiel nach Motiven kategorisiert, findet sich sehr selten. Üblich ist

---

[301] Die Argumentation Kants ‚sozionorm' zu nennen, ist dagegen eher fragwürdig, schließlich bezieht sich Kant durchaus nicht auf die (empirische) Gemeinschaft: Menschheit bezeichnet nicht die Summe der lebenden Menschen. Vgl. Lembach 1997: 67: „Kant argumentiert ebenfalls [wie Aristoteles] ‚sozionorm', wenn er den Suizid als unsittlich im Sinne einer Pflichtverletzung gegenüber Menschheit und Sittlichkeit schlechthin abwertet." – Vgl. auch Karenberg 1998: 84, der in Bezug auf Kants Argumentation vom „Anspruch der Gemeinschaft auf Leben und Mitarbeit des einzelnen" spricht. Vgl. weiter die Überlegungen Nickls, deren Parallelisierung zu Kant aber hinterfragt werden müsste: „Wer den Suizid sucht, hat vergessen oder verdrängt, dass er durch seinen Tod den Anderen etwas oder besser: jemanden wegnimmt, nämlich den Anderen, der in jedem von uns genauso steckt wie das Ich, das als Person nie allein ist. [...] Selbstverständlich gehört auch Kant [...] hierher" (Nickl 2008: 126). Das Selbst sei nur dialogisch bzw. interpersonal zu begreifen (124). „Dadurch, dass ich Mensch bin, bin ich immer schon Mit-Mensch [...]: als Mensch bin ich Person." (125). Daher sei zu folgern, dass „unser Leben tatsächlich nicht uns gehört." (125) – Ein Extremfall ist die ‚Zusammenfassung', in der sich die Würdigung der Überlegungen Kants, in einer Titelgeschichte (zum Thema der Selbsttötung) einer populären deutschen Zeitschrift erschöpft: „Die ‚Selbstentleibung' ist Sünde gegen die Souveränität Gottes wie gegen die Gemeinschaft." (anonym 1963: 37)

[302] Brieskorn 2005: 51. Aber die Behauptung, Kant „setzt [...] auf philosophischem Gebiet die theologische Argumentation fort" (Christ-Friedrich 2001: 448), verkennt die neue Qualität der kantischen Argumentation.

[303] Und könnte nicht auch die Abqualifizierung des Suizids als feige eben feige sein?

55

eine allgemeine Aburteilung, seltener ein Plädoyer für ein Erlaubtsein, in beiden Fällen üblicherweise mit Ausnahmen: beim Verbot werden diese gern zum Selbstopfer umdefiniert, umgekehrt kritisiert auch beispielsweise Seneca denjenigen, der in „hastiger Flucht [...] aus dem Leben scheide[t]"[51]. Der Blick bzw. eine Rückbindung auf tatsächlich vorkommende oder häufige Suizidgründe ist, wenn überhaupt, nur am Rande zu sehen. Senecas tapferes Aushalten von Schmerz klingt ebenso unrealistisch wie der propagierte mutige Freitod. Der verzweifelte oder depressive Mensch, der außer einem Suizid keinen anderen Weg mehr sieht, scheint den meisten Philosophen nicht präsent gewesen zu sein.

Die Tendenz, Suizid insgesamt zu verurteilen (dabei aber das Selbstopfer zuzulassen), ohne Motive oder konkrete Einzelfälle zu beachten, wird gerne kritisiert. Allerdings ist im Falle einer Verurteilung eine allgemein formulierte nicht wenig verwunderlich: auch beispielsweise das Töten eines anderen Menschen, das Lügen oder Betrügen werden üblicherweise allgemein verurteilt. Dass das Töten in Notwehr, eine sogenannte Notlüge usw. dennoch erlaubt sein können, muss kein Widerspruch zu einem allgemeinen Verbot sein: hier treffen verschiedene Normen/Pflichten aufeinander, eine Abwägung wird notwendig.

Die Frage nach dem Verbot (dem Erlaubtsein oder einem Gebot) ist keineswegs die einzige ethische Frage zu diesem Problem. Wie Beihilfe oder Anstiftung zu beurteilen sind, ist zwar nicht unabhängig von der Bewertung des Suizids selbst, doch auch nicht daraus ableitbar. Die hier betrachteten Philosophen haben sich offenbar nicht für dieses Problem interessiert (oder es nicht gesehen). Gleiches gilt für die Suizidverhütung, besonders das direkte Eingreifen; vor allem die, die im Suizid eine (in manchen Fällen) erlaubte Handlung sehen, müssen sich hiermit auseinandersetzen (bei unerlaubtem Suizid wäre ein Eingreifen vielleicht Pflicht; ebenfalls bei psychischer Krankheit). Gerade diese, nicht betrachteten, Probleme sind aber heute die aktuellsten.

3.3 Weitere Aspekte

Wie bereits festgestellt, wird die Selbsttötung (bei den hier betrachteten Philosophen) fast ausschließlich als moralisches Problem betrachtet, noch dazu eingeschränkt auf die Frage, ob die Tat selbst moralisch verwerflich ist oder nicht. Wichtige andere Aspekte werden aber wenigstens erwähnt:

Augustinus sieht im Suizid einen Irrtum (der Suizident wolle Ruhe ...), eine Überlegung, die zum Beispiel bei Schopenhauer und in anderer Form in der Psychologie wieder auftaucht (viele nach einem Suizidversuch Gerettete begehen keinen weiteren: es war nicht eigentlich die Selbst*tötung* intendiert).

Auch wird der „Selbstmord" mit Krankheit in Verbindung gebracht, was in der Psychologie heute üblich ist. Hieran schließt sich insbesondere die Diskussion um den Bilanzsuizid, also einen freien, „souveränen"[304] Suizid nach ‚nüchterner' Bilanzierung des Lebens, an.

Hervorzuheben ist außerdem der Aspekt der Freiheit, der freien Verfügungsgewalt über das eigene Leben, Suizid als menschliche Möglichkeit, wie sie Seneca und Hume feststellen (bzw. behaupten).

---

[304] Holderegger 1989: 1133

4 Schluss

Meist geht es den Philosophen um ein *allgemeines* Suizidverbot oder sie wenden sich gegen ein solches, die Gründe oder Motive für einen Suizid werden bei der moralischen Beurteilung überraschend wenig betrachtet. Ausnahmen werden offenbar ungern zugelassen, wenn, dann als Selbstopfer bezeichnet, viele Autoren scheinen stellenweise alle Suizide verbieten zu wollen, teilweise gibt es aber ‚Hintertüren‘, wie beispielsweise bei Augustinus. Das Problem psychischer Krankheit und damit verbunden einer eventuell eingeschränkten Schuldfähigkeit (in moralischer Hinsicht) klingt ebenfalls an. Heute wird insbesondere in Psychiatrie-/Medizinkreisen darauf hingewiesen, womit der Suizident auch moralisch entlastet werden soll.

Die vorgebrachten Argumente, ob für oder gegen eine Erlaubtheit der Selbsttötung sind überraschend schwach.[305] Allerdings darf der Einfluss auf den Nächsten bzw. die Gesellschaft nicht ignoriert werden, dieser ist zweifellos ein Argument gegen die meisten Selbsttötungen – je nach Fall vielleicht aber nur eines, das gegenüber der Autonomie zurückzutreten hat. Lediglich in Kants Argumentation, die allerdings üblicherweise zurückgewiesen wird, scheint eine Möglichkeit eines weitgehenden, prinzipiellen Suizidverbots auf. Auch die Überlegung, dass der Suizid ein vormoralisches Problem ist, verdient Beachtung.

Von einer *Philosophie* des Suizids (der Selbsttötung?, des Selbstmordes?) kann bei den zitierten Autoren nicht die Rede sein. Ihre Überlegungen sind – außer bei Seneca – in bzw. für ihre(r) gesamte(n) Philosophie nicht wichtig, das Problem wird lediglich am Rand abgehandelt, meist nur unter ethischer oder religiöser Perspektive. Anders bei Seneca: seine Gedanken kreisen häufig um Tod (und Leben), sowie um die Freiheit, nicht zuletzt zum eigenen Tode. Hier wird am ehesten deutlich, dass der „Selbstmord“[2] (Jaspers) eine besondere Möglichkeit des Menschen ist (weitergedacht auch eine Grundversuchung des Menschen, wie christliche Denker später betonen werden) und sich nicht in Ethik oder Medizin (der Suizident als Kranker) erschöpft.

---

[305] Jean Baechler kommentiert die *„moralische und philosophische Analyse“* des Suizids in der Philosophiehistorie mit den Worten, sie gründe „sich auf Werturteile von beharrlicher Mittelmäßigkeit“ (Baechler 1981: 15) (weshalb er ihr in seiner großen Untersuchung „Tod durch eigene Hand“ keine weitere Beachtung schenken möchte). Tatsächlich ist die hier (dargestellte) Diskussion (von Platon bis Kant) enttäuschend.

Die weitere Diskussion in der Philosophiegeschichte löst sich zunehmend von der ethischen Betrachtung; Schopenhauer, Nietzsche, Jaspers oder Camus, Kamlah, Löwith und Ebeling zum Beispiel widmen der Selbsttötung philosophische Überlegungen, die den üblichen Rahmen der Ethik verlassen.

Heutzutage arbeiten am Thema „Suizid" allerdings hauptsächlich Psychologen und Psychiater.

Innerhalb der Philosophie dominiert wieder die ethische Betrachtungsweise, wobei die von Platon bis Kant und darüber hinaus zentrale Frage nach einer Erlaubtheit oder einem Verbot des Suizids kaum noch erörtert wird, stattdessen Probleme um die Themen Sterbehilfe, Beihilfe zum Suizid, Suizidverhütung und Krisenintervention diskutiert werden.[306]

Eine umfassende – historisch orientierte – Arbeit über das Thema „Selbsttötung als philosophisches Problem" könnte und müsste neben den hier betrachteten Philosophen insbesondere Montaigne, Spinoza, Rousseau, Fichte, Hegel, Schopenhauer, Nietzsche, Kierkegaard, Heidegger, Sartre, Camus, Kamlah und Jaspers hinzuziehen. Weiter wäre es sinnvoll, die Beschränkung auf Philosophen, wie die auf Philosophie im engeren Sinne, zugunsten zum Beispiel Donnes, Robecks, Bonhoeffers, Barths, Landsbergs und Amérys, bzw. eines Blicks auf die (griechische) Mythologie und auf Religionen (oder andere Kulturen), außerdem einer Beachtung der Psychologie und Psychiatrie, die ja den mit Abstand quantitativ größten Beitrag zum Thema Suizid liefert, aufzugeben. Ein anderes Gebiet, in dem oft von Selbsttötungen die Rede ist, die Dichtung, bietet ebenfalls eine Fülle – philosophisch nicht zu vernachlässigender – Überlegungen dazu.

Eine ganz andere Perspektive wurde hier ausgeblendet: Die Frage, warum die Philosophen urteilen, wie sie urteilen, verdient zweifellos eine Behandlung. Dies um so mehr, als die Argumentationen meist offensichtlich schwach sind, zugleich aber die Wortwahl bei der Verurteilung schroff. Bei Kant beispielsweise wird man fragen

---

[306] Vgl. dazu: „Im praktischen Sinne dringlicher als Lösungen des ethischen Problems des Selbstmords selbst sind deshalb Lösungen des weiteren Problems, wie *andere* auf einen beabsichtigten oder versuchten Selbstmord reagieren sollten: zulassend, verhindernd oder unterstützend. Für die Lösung dieses Problems sind jedoch gänzlich andere Gesichtspunkte relevant als für die Beurteilung des Selbstmords selbst." (Birnbacher 1985: 127)

müssen, ob denn sein Urteil überhaupt zu seinen ethischen Überlegungen passt, oder ob er nicht ein bereits bestehendes Vorurteil nur mit Mühen zu begründen suchte.

Bei Augustinus beispielsweise könnte man annehmen, dass er mit dem Suizidverbot die christliche Religion „gegen die Anfeindungen der römischen Welt" (aufgrund der zahlreichen Suizide früher Christen/Märtyrer) schützen wollte.[307]

Eine weitere, hier nicht angesprochene Frage ist die nach der Reichweite ethischer Überlegungen. Birnbacher meint: „Das ethische Problem des Selbstmords ist weitgehend graue Theorie. Wie man es auch immer auflösen mag, in der Praxis vermögen moralische Grundsätze selten etwas auszurichten."[308] Kaum jemand wird Senecas Gleichgültigkeit bezüglich des Todes teilen, umgekehrt dürfte Kants Behauptung einer Unvereinbarkeit der Selbsttötung mit dem kategorischen Imperativ die meisten Suizidenten unberührt lassen. Allerdings ist es nicht unwahrscheinlich, dass die Argumentation der christlichen Tradition (so schwach sie eigentlich auch sein mag) einen starken (psychischen) Druck ausübt oder wenigstens ausgeübt hat und damit vielleicht Suizide verhindert hat (– um welchen Preis, wäre wieder ein andere Frage).

---

[307] Bormuth 2008: 28
[308] Birnbacher 1985: 127

5 Literaturverzeichnis

5.1 Primärliteratur

Aristoteles: *Nikomachische Ethik*. Hg. von Günther Bien. Übers. von Eugen Rolfes, Günther Bien. 4. Aufl.
Hamburg: Meiner, 1985

Aristoteles: *Werke in deutscher Übersetzung*. Hg. von Ernst Grumach. Übers. von Franz Dirlmeier.
Band 6 *Nikomachische Ethik*.
Darmstadt: Wiss. Buchges., 1956
Band 7 *Eudemische Ethik*.
Darmstadt: Wiss. Buchges., 1956

Augustinus, Aurelius: *Der freie Wille*. 3. Auflage.
Paderborn: Schöningh, 1961

Augustinus, Aurelius: *Vom Gottesstaat*. 2 Bände.
München: dtv, 1977f

Hume, David: *Die Naturgeschichte der Religion. Über Aberglaube und Schwärmerei. Über die Unsterblichkeit der Seele. Über Selbstmord*. Übers. und hg. von Lothar Kreimendahl.
Hamburg: Meiner, 1984

Kant, Immanuel: *Kant's gesammelte Schriften*. Hg. von der Kgl. Preußischen Akademie d. Wiss.
Berlin: Georg Reimer; teilw. Berlin (u. a.): de Gruyter, 1900ff

Kant, Immanuel: *Eine Vorlesung über Ethik*. Hg. von Gerd Gerhardt.
Frankfurt am Main: Fischer, 1990

Immanuel Kant in Rede und Gespräch. Hg. von Rudolf Malter.
Hamburg: Meiner, 1990

Platon: *Die großen Dialoge*. Übers. von Rudolf Rufener.
München: dtv und Zürich, München: Artemis, 1991

Platon: *Werke in acht Bänden*. Hg. von Gunther Eigler.
Darmstadt: Wiss. Buchges., 1990

Seneca, Lucius Annaeus: *Philosophische Schriften*. Übers. und hg. von Otto Apelt.
Jubiläumsausgabe. 4 Bände.
Hamburg: Meiner, 1993

Seneca, Lucius Annaeus: *Philosophische Schriften*: lat. und dt. Hg. von Manfred Rosenbach. Sonderausgabe. 5 Bände.
Darmstadt: Wiss. Buchges., 1995

Thomas von Aquin: *Summa Theologica*. 18. Band.
Heidelberg u.a.: Kerle und Pustet, 1953

5.2 Sekundärliteratur

Alvarez, Alfred: *Der grausame Gott. Eine Studie über den Selbstmord.*
Hamburg: Hoffmann und Campe, 1974

anonym: „Selbstmord. Krankheit zum Tode." In:
Spiegel 5/1963, 32-44

Ataner, Attila: „Kant on Capital Punishment and Suicide". In:
Kant-Studien 97.4 (2006) 452-482

Baechler, Jean: *Tod durch eigene Hand: eine wissenschaftliche Untersuchung über den Selbstmord.*
Frankfurt am Main, Berlin, Wien: Ullstein, 1981

Barraclough, Brian M.: „The Bible suicides". In:
Acta Psychiatrica Scandinavica 86 (1992) 64-69

Barth, Karl: *Kirchliche Dogmatik.* Dritter Band: *Die Lehre von der Schöpfung.* Vierter Teil. 2. Aufl.
Zollikon-Zürich: Evangelischer Vlg., 1957 [1. Aufl. 1951]

Bauer, Emmanuel J.: „Moralphilosophische Überlegungen zu Suizid und Suizidprävention und deren existenzanalytische Verortung". In:
Existenzanalyse 21.2.2004, 44-57

Baumann, Ursula: *Vom Recht auf den eigenen Tod. Die Geschichte des Suizids vom 18. bis zum 20. Jahrhundert.*
Weimar: Hermann Böhlaus Nachf., 2001

Baumgarten, Alexander Gottlieb: „Ethica Philosophica (1763) [3. Aufl.]". In:
Kant's gesammelte Schriften. Hg. von der Kgl. Preußischen Akademie d. Wiss. u.a.
Berlin: Georg Reimer; teilw. Berlin (u.a.): de Gruyter, 1900ff. Band XXVII, 733-1015

Beauchamp, Tom L.: „An Analysis of Hume's Essay ‚On Suicide'". In:
The Review of Metaphysics. A philosophical Quarterly 30.1 (1976) 73-95

Beauchamp, Tom L.: „In Analysis of Hume and Aquinas on Suicide". In:
Ethical Issues in Death and Dying (1978) 111-122

Bernstein, Osip: *Die Bestrafung des Selbstmords und ihr Ende.*
Breslau: Schletter, 1907

[Die Bibel:] *Biblia*: Das ist: Die gantze Heilige Schrifft, Deudsch. Auffs new zugericht. [Übers. Von Martin Luther].
Wittemberg: Lufft, 1545 (zit. nach http://www.bibel-online.net/, 16. Juni 2017)

[Die Bibel:] *Die Heilige Schrift* aus dem Urtext übersetzt.
Elberfeld: R. Brockhaus, 1905 (zit. nach http://www.bibel-online.net/, 16. Juni 2017)

Die Bibel: Einheitsübersetzung der Heiligen Schrift, Altes und Neues Testament. Hg. im Auftrag der Bischöfe Deutschlands [...].
Aschaffenburg: Paul Pattloch, 1980 (zit. nach http://www.bibelwerk.de/bibel/, 16. Juni 2017)

Biet, Peter: *Suizidalität als Problem christlicher Ethik.*
Regensburg: Roderer, 1990

Birnbacher, Dieter: „Schopenhauer und das ethische Problem des Selbstmords". In: *Schopenhauer-Jahrbuch* 66 (1985) 115-129

Birnbacher, Dieter: „Selbstmord und Selbstmordverhütung aus ethischer Sicht". In: Leist, Anton (Hg.): *Um Leben und Tod. Moralische Probleme bei Abtreibung, künstlicher Befruchtung, Euthanasie und Selbstmord.* Frankfurt am Main: Suhrkamp, 1990, 395-422

Birnbacher, Dieter: „‚Natur' als Maßstab menschlichen Handelns". In: ders. (Hg.): *Ökophilosophie.* Stuttgart: Reclam, 1997, 217-241

Birnbacher, Dieter: „Suizid und Suizidprävention aus ethischer Sicht". In: ders.: *Bioethik zwischen Natur und Interesse.* Frankfurt: Suhrkamp, 2006, 195-221

Blásquez, Niceto: „Die traditionelle kirchliche Morallehre über den Selbstmord". In: *Concilium* 21 (1985) 205-212

Bonhoeffer, Dietrich: *Werke.* Hg. von Eberhard Bethge u. a. Sechster Band: *Ethik.* München: Chr. Kaiser, 1992

Bormuth, Matthias: *Ambivalenz der Freiheit. Suizidales Denken im 20. Jahrhundert.* Göttingen: Wallstein, 2008

Brandt, Hartwin: *Am Ende des Lebens. Alter, Tod und Suizid in der Antike.* München: Beck, 2010

Brieskorn, Norbert: „Gesellschaftliche Bedingungen der Suizidalität – sozialethische Grundfragen der Prävention". In: *Suizidprophylaxe* 32.2 (2005) 46-54

Bronisch, Thomas: *Der Suizid. Ursachen, Warnsignale, Prävention.* München: Beck, 1995

Burckhardt, Jacob: *Griechische Kulturgeschichte.* Zweiter Band. Darmstadt: Wiss. Buchges., 1962

Busche, Hubertus: „Darf man sich selbst töten? Die klassischen Argumente bei Thomas von Aquin und David Hume." In: *Philosophisches Jahrbuch* 111 (2004) 62-89

Butterweck, Christel: *„Martyriumssucht' in der alten Kirche? Studien zur Darstellung und Deutung frühchristlicher Martyrien.* Tübingen: Mohr, 1995

Charron, Pierre: *Das Liecht der Weißheit.* Ulm: Kühn, 1668 [*De la sagesse, 1601-1604*]

Cholbi, Michael: „A Kantian Defense of Prudential Suicide". In: *Journal of Moral Philosophy* 7.4 (2010) 489-515

Christ-Friedrich, Anna: „Suizid. II. Theologisch". In: *Theologische Realenzyklopädie.* Band XXXII. Berlin, New York: de Gruyter, 2001, 445-453

Cooper, John M.: „Greek Philosophers on Euthanasia and Suicide". In: Brody, Baruch A. (Hg.): *Suicide and Euthanasia. Historical and Contemporary Themes.* Dodrecht, Boston, London: Kluwer Academic Publ., 1989, 9-38

Cooper, John M.: „Greek Philosophers on Euthanasia and Suicide". In: ders.: *Reason and Emotions. Essays on Ancient Moral Psychology and Ethical Theory.*
Pinceton: Princeton Univ. Press, 1999

Crocker, Lester D.: „The Discussion of Suicide in the Eighteenth Century". In: *Journal of the History of Ideas* 13.1 (1952) 47-72

Daffner, Hugo: „Der Selbstmord bei Shakespeare". In: *Shakespeare-Jahrbuch* 64 (1928) 90-131

Decher, Friedhelm: *Die Signatur der Freiheit. Ethik des Selbstmords in der abendländischen Philosophie.*
Lüneburg: Dietrich zu Klampen Verlag, 1999

Donne, John: Biathanatos: *A declaration of that Paradoxe, or Thesis, That Self-homicide is not so naturally Sinne, that it may never be otherwise [...].*
New York: The Fascimilie Text Society, 1930 [1611]

Donne, John: *Biathanatos.* Ed. by Ernest W. Sullivan II.
Newark: Univ. of Delaware Press; London, Toronto: Associated Univ. Press, 1984

Dönni, Gerd: *Der alte Mensch in der Antike.*
Diss., Basel, 1996

Droge, Arthur J.; Tabor, James D.: *A Noble Death. Suicide and Matyrdom among Christians and Jews in Antiquity.*
San Francisco: Harper, 1992

Dubitscher, Fred: „Der Suicid. Historischer Überblick". In: Zwingmann, Charles (Hg.): *Selbstvernichtung.*
Frankfurt am Main: Akadem. Verlagsgesellschaft, 1965, 3-12

Duden. Das große Wörterbuch der deutschen Sprache in acht Bänden. Hg. vom Wissenschaftlichen Rat und den Mitgliedern der Dudenredaktion unter der Leitung von Günther Drosdowski. 2. Aufl.
Mannheim, Leipzig, Wien, Zürich: Dudenverlag, 1995

Durán Casas, Vicente: *Die Pflichten gegen sich selbst in Kants „Metaphysik der Sitten".*
Frankfurt am Main u.a.: Peter Lang, 1996

Duvergier de Hauranne, Jean: *Question royalle et sa decision.*
Paris: Bray, 1609

Ecclesia Catholica: *Katechismus der Katholischen Kirche.*
München, Wien: Oldenbourg ; Leipzig: Benno; Freiburg, Schweiz: Paulusvlg.; Linz: Veritas, 1993

Eckert, Hans-Harald: *Weltanschauung und Selbstmord bei Seneca und den Stoikern in antiker Mystik und im Christentum.*
Diss., Tübingen, 1952

Englert, Walter: „Stoics and Epicureans on the Nature of Suicide". In: *Proceedings of the Boston Area Colloquium in Ancient Philosophy* 10 (1994) 67-96

Erlinghagen, Helmut: *Selbstmord und Lebenssinn im Atomzeitalter.*
Bodenheim: Athenäum Hain Hanstein, 1994

Evangelischer Erwachsenenkatechismus: Kursbuch des Glaubens. Im Auftrag der Katechismuskomission der Vereinigten Evang.-Luth. Kirche Deutschlands. 4. Aufl.
Gütersloh: Mohn, 1982

Evenepoel, Willy: „The Philosopher Seneca on Suicide". In:
Ancient Society 34 (2004) 217-243

Fenner, Dagmar: „Ist der Suizid ethisch legitim? Zur aufklärerischen Suiziddebatte zwischen Hume (pro) und Kant (contra)". In:
Suizidprophylaxe 32.1 (2005) 10-14

Fletcher, Joseph: „In Verteidigung des Suizids". In:
Eser, Albin (Hg.): *Suizid und Euthanasie als human- und sozialwissenschaftliches Problem.*
Stuttgart: Enke, 1976, 233-244

Frey, Raymond Gillespie: „Did Socrates Commit Suicide". In:
Philosophy. The Journal of the Royal Institute of Philosophy 53 (1978) 106-108, auch in:
Battin, Margaret Pabst; Mayo, David J. (Hg.): *Suicide. The philosophical Issues.*
New York: St. Martin's, 1980, 35-38

Friedrich, Hugo: *Montaigne.*
Tübingen: Francke, 1993

Füllkrug, Gerhard: *Der Selbstmord. Eine moralstatistische und volkspsychologische Untersuchung.*
Schwerin: Bahn, 1919

Garrison, Elise P.: „Attitudes towards Suicide in Ancient Greece". In:
Transactions of the American Philological Association 121 (1991) 1-34

Geiger, Karl August: *Der Selbstmord im klassischen Altertum. Historisch-kritische Abhandlung.*
Augsburg: Huttler-Verlag, 1888

Geiger, Karl August: „Der Selbstmord im Kirchenrecht". In:
Archiv für katholisches Kirchenrecht 61 (1889) 225-232

Geiger, Karl August: „Der Selbstmord im deutschen Recht". In:
Archiv für katholisches Kirchenrecht 65 (1891) 3-36

Gerhardt, Gerd: „Zur Neuausgabe". In:
Kant, Immanuel: *Eine Vorlesung über Ethik.* Hg. von Gerd Gerhardt.
Frankfurt am Main: Fischer, 1990, 291-293

Harter, Thomas D.: „Reconsidering Kant on Suicide". In:
Philosophical Forum 42.2 (2011) 167-185

Hefti-Schaffer, Miriam S.: *Selbstmord. Ein menschliches Phänomen.*
Diss., Zürich, 1986

Hirzel, Rudolf: *Der Selbstmord.* Unveränderter Nachdruck aus: Archiv für Religionswissenschaften. Hg. von A. Dietrich. 11. Band Leipzig 1908.
Darmstadt: Wiss. Buchges., 1967

Höffe, Otfried: „Kants kategorischer Imperativ als Kriterium des Sittlichen". In:
Zeitschrift für philosophische Forschung 31 (1977) 354-384

Höffe, Otfried: *Immanuel Kant.* 3. Aufl.
München: Beck, 1992

Hofmann, Dagmar: *Suizid in der Spätantike. Seine Bewertung in der lateinischen Literatur.*
Stuttgart: Steiner, 2007

Hoheisel, Karl: „Suizid. I. Religionsgeschichtlich". In:
Theologische Realenzyklopädie. Hg. von Gerhard Müller u.a. Band XXXII.
Berlin, New York: de Gruyter, 2001, 441-445

d'Holbach, Paul Thiry: *System der Natur oder von den Gesetzen der physischen und der moralischen Welt.*
Frankfurt am Main: Suhrkamp, 1978

Holderegger, Adrian: *Suizid und Suizidgefährdung. Humanwissenschaftliche Ergebnisse, anthropologische Grundlagen.*
Freiburg i. Ü.: Universitätsverlag; Freiburg i.Br., Wien: Herder, 1979

Holderegger , Adrian: „Suizid. 2. Ethik". In:
Lexikon Medizin Ethik Recht. Hg. von Albin Eser u.a.
Freiburg i.Br., Basel, Wien: Herder, 1989, 1132-1139

Honecker, Martin: „Suizid. V. Ethisch". In:
Religion in Geschichte und Gegenwart. Hg. von Hans Dieter Betz u.a. 4. Aufl. Band R-S.
Tübingen: Mohr Siebeck, 2004, 1855-1857

Hooff, Anton J.L. van: *From Autothanasia to Suicide. Self-killing in classical antiquity.*
London: Routledge, 1990

Hooff: Anton J.L.: „Vom ‚willentlichen Tod' zum ‚Selbstmord'. Suizid in der Antike". In:
Bähr, Aandreas; Medick, Hans (Hg.): *Sterben von eigener Hand. Selbsttötung als kulturelle Praxis.*
Köln u.a.: Böhlau, 2005, 23-43

Horstmann, Ulrich: „Einleitung". In:
ders. (Hg.): *Mit Todesengelszungen. Freisprüche für Selbstmörder von Seneca bis Cioran nebst einem Plädoyer gegen die neue Zwangsjacke.*
Würzburg: Königshausen & Neumann, 2015

Hume, David: „Traktat über den Freitod [1777]". In:
Humanes Leben – Humanes Sterben 3/2006, 50-53

Hume, David: *Über den Freitod und andere Essays.*
München: dtv, 2009

Jaspers, Karl: *Philosophie. Zweiter Band: Existenzerhellung.*
Berlin: Julius Springer, 1932

Kamlah, Wilhelm: *Meditatio mortis. Kann man den Tod „verstehen", und gibt es ein „Recht auf den eigenen Tod"?*
Stuttgart: Ernst Klett, 1976

Karenberg, Axel: „Historische und ethische Aspekte des Suizids". In:
Ethik und Klinik (1998) 77-93

Katechismus der Katholischen Kirche.
Vatikan, 1997/2017 (http://www.vatican.va/archive/DEU0035/_INDEX.
HTM, 14. Juni 2017)

Katechismus der Katholischen Kirche. Kompendium.
Vatikan, 2005/2017 (http://www.vatican.va/archive/compendium_ccc/
documents/archive_2005_compendium-ccc_ge.html, 22. August 2016)

Katholischer Erwachsenenkatechismus. Hg. von der Deutschen Bischofskonferenz. 2.
Band. Leben aus dem Glauben.
[Berlin,] 1995 (http://www.dbk.de/katechismus, 14. Juni 2016)

Kaulbach, Friedrich: *Immanuel Kants „Grundlegung zur Metaphysik der Sitten": Interpretation und Kommentar.*
Darmstadt: Wiss. Buchges., 1988

Kersting, Wolfgang: „Der kategorische Imperativ, die vollkommenen und die unvollkommenen Pflichten". In:
Zeitschrift für philosophische Forschung 37 (1983) 404-421

Kettner, Matthias; Gerisch, Benigna: „Zwischen Tabu und Verstehen. Psycho-philosophische Bemerkungen zum Suizid". In:
Kappert, Ines u.a. (Hg.): *Ein Denken, das zum Sterben führt. Selbsttötung – das Tabu und seine Brüche.*
Göttingen: Vandenhoeck & Ruprecht, 2004, 38-66

Der Kleine Pauly. Lexikon der Antike in 5 Bänden. Hg. von Konrat Ziegler und Walther Sontheimer.
München: dtv, 1979

Krause, Gerhard: „Luthers Stellung zum Selbstmord. Ein Kapitel seiner Lehre und Praxis der Seelsorge". In:
Luther. Zeitschrift der Luther-Gesellschaft 36.2 (1965) 50-71

Latham, Stephen R.: „Kant Condemned All Suicide". In:
American Journal of Bioethics 7.6 (2007) 49-51

Lembach, Claudia: *Selbstmord Freitod Suizid. Diskurse über das Unsägliche.*
München: Akademischer Verlag, 1997

Lenzen, Verena: „Selbsttötung in der Bibel. Für eine Ethik der Liebe zu den Leidenden". In:
Bibel und Kirche 47 (1992) 87-93

Lenzen, Verena: *Selbsttötung. Ein philosophisch-theologischer Diskurs mit einer Fallstudie über Cesare Pavese.*
Düsseldorf: Patmos, 1987

Lind, Vera: *Selbstmord in der Frühen Neuzeit.*
Göttingen: Vandehoeck und Ruprecht, 1999

Löwith, Karl: *Sämtliche Schriften.* Hg. von Klaus Stichweh und Marc B. de Launay.
Band 1.
Stuttgart: Metzler, 1981 [darin: „Töten, Mord und Selbstmord: Die Freiheit zum Tode [1962]" (1, 399-417), „Die Freiheit zum Tode [1969]" (1, 418-425)]

Lungershausen, Eberhard; Vliegen, Josef: „Der Selbstmord als ein Problem der Philosophie und Theologie. Versuch einer geschichtlichen Darstellung." In:
Confinia psychiatrica 12 (1969) 185-204

Luther, Martin: *Sämmtliche Werke.* Zwei und zwanzigster Band.
Erlangen: Carl Heyder, 1833 [darin: „XXV. Ob man vor dem Sterben fliehen
möge. 1527" (317-341)]

Marc Aurel: *Wege zu sich selbst.* Übers. und hg. von Willy Theiler. 2. Aufl.
Frankfurt am Main: Insel, 1978

Mayer, Adolf: *Los vom Materialismus! Bekenntnisse eines alten Naturwissenschaft-
lers.*
Heidelberg: Carl Winter, 1906

Miles, Murray: „Plato on Suicide". In:
Phoenix 55 (2001) 244-258

Montaigne, Michel de: *Essais nebst des Verfassers Leben nach der Ausgabe von Pi-
erre Coste ins Dt. übers. von Johann Daniel Tietz.* 3 Bände. [Erstausgabe dieser
Übersetzung: Leipzig: Friedrich Lankischens Erben, 1753f]
Zürich: Diogenes, 1992

Montesquieu, Charles de: *Persische Briefe.*
Frankfurt am Main: Fischer, 1964

Mösgen, Peter: *Selbstmord oder Freitod? Das Phänomen des Suizides aus christlich-
philosophischer Sicht.*
Eichstätt: BPB, 1999

Nickl, Peter: „Gibt es einen rationalen Suizid?"
In: *Suizidprophylaxe* 35.3 (2008) 124-128

Nisters, Thomas: *Kants Kategorischer Imperativ als Leitfaden humaner Praxis.*
Freiburg i. Br., München: Alber, 1989

Nitobé, Inazo: „Die Einrichtungen des Selbstmords und der Rache". In:
ders.: *Bushidô.*
Interlaken: Ansata-Verlag, 1985, 141-153

Novak, David: *Suicide and Morality in Plato, Aquinas, and Kant.*
New York: Scholars Studies Press, 1975

Ostwald, Jens: „Selbstmord? Suizid? Freitod? Selbsttötung?". In:
Suizidprophylaxe 44.3 (2017) 87-102

Pauly's Realencyclopädie der classischen Altertumswissenschaft. Neue Bearbeitung
begonnen von Georg Wissowa. Hg. von Wilhelm Kroll und Kurt Witte. Zweite
Reihe [R-Z]. Zweiter Band.
Stuttgart: Metzler, 1923

Plinius = Cajus Plinius Secundus: *Naturgeschichte.* Übers. von Chrsitan Fr. L. Strack.
Überarb. und hg. von Max E.D.L. Strack. Erster Teil.
Darmstadt: Wissenschaftliche Buchgesellschaft, 1968 [1. Aufl.: Bremen, 1853]

Rexilius, Günter; Grubitzsch, Siegfried (Hg.): *Handbuch psychologischer Grundbe-
griffe.* Mensch und Gesellschaft in der Psychologie.
Reinbek bei Hamburg: Rowohlt, 1981

Robeck, Johannes: *Exercitatio philosophica de Eulogo Exagoge sive morte volunta-ria philosophorum et bonorum virorum etiam Iudaeorum et Christianorum / recensuit perpetuis animadversionibus notavit praefatus est et indicem rerum locupletissimum addidit Ioh. Nicolaus Funccius.*
Rintelium: Enax, 1736

Römpp, Georg: „Der unfreie Tod: Kant und die ethische Dimension des Suizids". In: *Freiburger Zeitschrift für Philosophie und Theologie* 35 (1988) 415-431

Rousseau, Jean-Jacques: *Julie oder die neue Héloïse. Briefe zweier Liebenden aus einer kleinen Stadt am Fuße der Alpen.*
München: Winkler, 1978

Schlette, Heinz Robert: „Suizid in philosophischer Sicht". In: *Suizidprophylaxe* 16.1 (1989) 39-54

Schlimme, Jann E. (Hg.): *Unentschiedenheit und Selbsttötung. Vergewisserungen der Suizidalität.*
Göttingen: Vandenhoeck & Ruprecht, 2007

Schnoor, Christian: *Kants Kategorischer Imperativ als Kriterium der Richtigkeit des Handelns.*
Tübingen: Mohr (Paul Siebeck), 1989

Schopenhauer, Arthur: *Sämtliche Werke* [in 7 Bänden]. Hg. von Arthur Hübscher. 3. Aufl.
Wiesbaden: Brockhaus, 1972

Schöpf, Bernhard: *Das Tötungsrecht bei den frühchristlichen Schriftstellern bis zur Zeit Konstantins.*
Regensburg: Fr. Pustet, 1958

Schreiner, Julia: *Jenseits vom Glück. Suizid, Melancholie und Hypochondrie in deutschsprachigen Texten des späten 18. Jahrhunderts.*
München: Oldenbourg, 2003

Schumacher, Joseph: „Das Recht auf den Freitod. Zum Problme des Selbstmords". In: *Forum Katholische Theologie* 16.3 (2000) (zit. nach: www.theologie-heute.de/Das_Recht_auf_den_Freitod._Zum_Problem_des_Selbstmords.doc (31. Aug. 2017))

Seidler, Michael J.: „Kant and the Stoics on Suicide". In: *Journal of the History of Ideas* XLIV.3 (1983) 429-453

Siegmund, Georg: *Sein oder Nichtsein. Die Frage des Selbstmords.*
Trier: Paulinus-Verlag, 1961

Sommer, Manfred: *Die Selbsterhaltung der Vernunft.*
Stuttgart-Bad Cannstatt: frommann-holzboog, 1977

Sprott, Samuel Ernest: *The English Debate on Suicide: from Donne to Hume.*
La Salle, Illinois: Open Court, 1961

Stoecker, Ralf: „Ein wirklich ernstes philosophisches Problem. Philosophische Reflexionen über den Suizid." In: *vorgänge* 175 = Heft 2 (2006) 4-23 (zit. nach http://www.humanistische-union.de/nc/publikationen/vorgaenge/online_artikel/online_artikel_detail/browse/

51/back/nach-autoren/article/ein-wirklich-ernstes-philosophisches-problem/, 13. Juni 2016)

Streminger, Gerhard: „[Rez. zu:] David Hume, Über den Freitod und andere Essays […] 2009". In:
Aufklärung und Kritik 1/2010, 257-259

Szittya, Emil: *Selbstmörder. Ein Beitrag zur Kulturgeschichte aller Zeiten und Völker.* II. Aufl.
Leipzig: Weller & Co., 1925

Tétaz, Numa: *Du darfst leben. Der Selbstmord: seine Erklärung, seine Überwindung.*
Zürich: Flamberg, 1970

Thiel, Björn: „Auf ewig verloren? Theologisch-anthropologische Erwägungen zum Suizid". In:
Ahlmann, Frank; Rosenau, Hartmut (Hg.): *Leben im Zeichen der Gottesferne: theologische Streifzüge auf der Grenze von Wissenschaft und Weisheit.*
Berlin u.a.: LIT, 2007, 261-279

Thiel, Rainer: „Philosophie als Bemühung um Sterben und Tod. Tugendlehre und Suizidproblematik bei Platon und den Neuplatonikern". In:
Antike und Abendland 51 (2001) 21-40

Thielicke, Helmut: *Theologische Ethik.* II. Band: Entfaltung. 1. Teil: Mensch und Welt. 5. Aufl.
Tübingen: Mohr, 1986

Veit, Otto: „Der Tod - Deutung und Wirklichkeit". In:
Schopenhauer-Jahrbuch 57 (1976) 14-39

Wacke, Andreas: „Selbstmord". In:
Handwörterbuch zur deutschen Rechtsgeschichte. Hg. von Adalbert Erler und Ekkehard Kaufmann. Band IV.
Berlin: Erich Schmidt, 1990, 1616-1619

Warren, James: „Socratic Suicide". In:
The Journal of Hellenic Studies 121 (2001) 91-106

Weichbrodt, Raphael: *Der Selbstmord.*
Basel: S. Karger, 1937

White, F.C.: „Socrates. Philosophy and Death: Two contrasting arguments in Plato's ,Phaedo'". In:
Classical Quarterly 56 (2006) 445-458

Wilde, Leo Henri: *Hypothetische und kategorische Imperative. Eine Interpretation zu Kants „Grundlegung zur Metaphysik der Sitten ".*
Bonn: Bouvier, 1975

Willemsen, Roger: *Der Selbstmord. Briefe, Manifeste, literarische Texte.*
Frankfurt: Fischer, 2007

Willemsen, Roger: *Der Selbstmord. in Berichten, Briefen, Manifesten, Dokumenten und literarischen Texten.*
Köln: Kiepenheuer & Witsch, 1986

Wimmer, Reiner: *Universalisierung in der Ethik. Analyse, Kritik und Rekonstruktion ethischer Rationalitätsansprüche.*
Frankfurt am Main: Suhrkamp, 1980

Wittwer, Héctor: *Selbsttötung als philosophisches Problem.*
Paderborn: mentis, 2003

Zeddies, Nicole: „Verwirrte oder Verbrecher? Die Beurteilung des Selbstmordes von der Spätantike bis zum 9. Jahrhundert". In:
Signori, Gabriela (Hg.): *Trauer, Verzweiflung und Anfechtung. Selbstmord und Selbstmordversuche in mittelalterlichen und frühneuzeitlichen Gesellschaften.*
Tübingen: Edition diskord, 1994, 55-90

Zimmermann-Acklin, Markus: *Euthanasie. Eine theologisch-ethische Untersuchung.*
Freiburg, Schweiz: Universitätsverlag; Freiburg i. Br., Wien: Herder, 1997

Lightning Source UK Ltd.
Milton Keynes UK
UKHW011830050619
343950UK00001B/38/P